Conciencia

OSHO

Conciencia

La clave para vivir en equilibrio

Traducción de Juan Manuel Ibeas

DEBATE

Primera edición: abril 2002
Primera edición en la Argentina: octubre de 2002

Título original: *Awareness: The Key to Living in Balance*
© 2001, Osho International Foundation, 2002. Todos los derechos reservados.
Publicado por acuerdo con Osho International Foundation
Bahnhofstr. 52, 8001 Zúrich, Suiza
© De la traducción, Juan Manuel Ibeas, 2002
© De la presente edición, Editorial Debate, S. A., 2002
O'Donnell, 19, 28009 Madrid

ISBN: 84-8306-976-8
Depósito legal: B. 12.027 - 2002
Compuesto en Anglofort, S. A.
Impreso en la Argentina.

Sumario

Prólogo

UNA DE las cosas más importantes que hay que entender del hombre es que el hombre está dormido. Aun cuando cree que está despierto, no lo está. Su estado de vigilia es muy frágil; su estado de vigilia es tan insignificante que carece por completo de importancia. Su vigilia es solo una bonita palabra, pero totalmente vacía.

Uno duerme de noche, duerme de día... desde el nacimiento hasta la muerte, uno va cambiando sus pautas de sueño, pero nunca llega a despertar de verdad. Solo porque hayas abierto los ojos, no te engañes a ti mismo pensando que estás despierto. A menos que se te abran los ojos interiores, a menos que tu interior se llene de luz, a menos que puedas verte a ti mismo, ver quién eres... no creas que estás despierto. Esa es la mayor ilusión en la que vive el hombre. Y si uno se convence de que está verdaderamente despierto, entonces ya no tiene sentido hacer ningún esfuerzo por despertar.

Lo primero que debes grabarte bien en el corazón es que estás dormido, completamente dormido. Estás soñando, un día tras otro. A veces sueñas con los ojos abiertos y otras veces con los ojos cerrados, pero estás soñando... tú mismo eres un sueño. Todavía no eres una realidad.

Por supuesto, cualquier cosa que hagas en un sueño carece de sentido. Cualquier cosa que pienses es insustancial, cualquier cosa que proyectes seguirá formando parte de tus sueños y nunca te permitirá ver la realidad. Por eso todos los budas han insistido en una única cosa: ¡Despierta! Continuamente, a lo largo de los siglos, todas sus enseñanzas se pueden resumir en una sola frase: debes despertar. Y para ello han ideado métodos, estrategias, han creado contextos y espacios y campos de energía en los que un choque te puede hacer despertar.

Sí, a menos que sufras un choque que te sacuda de arriba a abajo, no despertarás. El sueño ha durado tanto que ha llegado al centro mismo de tu ser; estás empapado en él. Cada célula de tu cuerpo y cada fibra de tu mente se han llenado de sueño. No es un fenómeno de poca monta. Por eso se necesita un gran esfuerzo para mantenerse alerta, atento, vigilante. Para convertirse en un testigo.

> Lo primero que debes grabarte bien en el corazón es que estás dormido, completamente dormido. Estás soñando, un día tras otro. A veces sueñas con los ojos abiertos y otras veces con los ojos cerrados, pero estás soñando... tú mismo eres un sueño. Todavía no eres una realidad.

Si hay una cuestión en la que están de acuerdo todos los budas del mundo, es esta: que el hombre, tal como es, está dormido y debería despertar. El despertar es el objetivo y el despertar es la esencia de todas sus enseñanzas. Zaratustra, Lao Tzu, Jesús, Buda, Bahauddin, Kabir, Nanak... todos los despiertos han enseñado una única lección. En diferentes idiomas, con diferentes metáforas, pero su canción es la misma. Así como el mar tiene un sabor salado, ya se pruebe por el norte o por el sur, por el este o por el oeste, el sabor de la condición búdica es el estado de vigilia.

Pero si sigues creyendo que ya estás despierto, no harás ningún esfuerzo. Te parecerá que no tiene sentido hacer esfuerzo alguno. ¿Para qué molestarse?

Y habéis creado religiones, dioses, oraciones, ritos, sacados de los sueños. Vuestros dioses son parte de vuestros sueños, como todo lo demás. Vuestra política es parte de vuestros sueños, vuestras religiones son parte de vuestros sueños, vuestra poesía, vuestra pintura, vuestro arte... todo lo que hacéis. Como estáis dormidos, hacéis cosas según vuestro estado mental.

Vuestros dioses no pueden ser diferentes de vosotros. ¿Quién los va a crear? ¿Quién les dará cuerpo, forma y color? Vosotros los creáis, vosotros los esculpís; tienen ojos como los vuestros, narices como las vuestras... ¡y mentes como las vuestras! El Dios del Antiguo Testamento dice: «Soy un Dios muy celoso.» Vamos a ver: ¿quién ha creado este Dios tan celoso? Dios no puede ser celoso, y si Dios *es* celoso, entonces ¿qué tiene de malo ser celoso? Si hasta Dios es celoso, ¿por qué tú habrías de pensar que estás haciendo algo malo cuando sientes celos? ¡Los celos son algo divino!

El Dios del Antiguo Testamento dice: «Soy un Dios muy colérico. Si no cumplís mis mandamientos, os destruiré. Os arrojaré al fuego del infierno para toda la eternidad. Y como soy celoso —sigue diciendo Dios—, no debéis adorar a nadie más. No puedo tolerarlo.» ¿Quién creó semejante Dios? Esta imagen tuvo que crearse a partir de nuestros propios celos, de nuestra propia cólera. Es una proyección, una sombra nuestra. Un eco del hombre y de nadie más. Y lo mismo se puede decir de todos los dioses de todas las religiones.

Por eso Buda nunca hablaba de Dios. «¿Qué sentido tiene hablarle de Dios a gente que está dormida? Escucharán en sueños. Soñarán con lo que se les diga y crearán sus propios dioses... que serán completamente falsos, completamente absurdos. Es mejor prescindir de tales dioses.»

Por eso a Buda no le interesa hablar de dioses. Lo único que le interesa es despertaros.

Se dice que un maestro budista iluminado estaba sentado una tarde a la orilla de un río, disfrutando del sonido del agua, del sonido del viento que pasaba a través de las hojas. Se le acercó un hombre y le preguntó:

—¿Puedes decirme en una sola palabra la esencia de tu religión?

El maestro permaneció callado, en silencio absoluto, como si no hubiera oído la pregunta. El hombre insistió:

—¿Estás sordo o qué?

El maestro dijo:

—He oído tu pregunta y la he respondido. El silencio es la respuesta. He permanecido en silencio. Esa pausa, ese intervalo, era mi respuesta.

El hombre dijo:

—No puedo entender una respuesta tan misteriosa. ¿No puedes ser un poco más claro?

Entonces el maestro escribió en la arena con el dedo la palabra «meditación» en letras pequeñas.

—Eso puedo leerlo —dijo el hombre—. Esto es algo mejor que lo del principio. Al menos tengo una palabra sobre la que reflexionar. Pero ¿no puedes decirlo un poco más claro?

El maestro volvió a escribir «MEDITACIÓN», pero esta vez en letras más grandes. El hombre se sentía un poco incómodo, desconcertado, ofendido, irritado.

—¿Otra vez escribes «meditación»? ¿No puedes decírmelo más claro?

Y el maestro escribió en letras mayúsculas muy grandes «MEDITACIÓN».

—Me parece que estás loco —dijo el hombre.

—Ya he descendido mucho —dijo el maestro—. La primera respuesta era la respuesta correcta, la segunda no era tan correcta, la tercera estaba aún más equivocada, la cuarta era ya muy incorrecta... porque cuando escribes «MEDITACIÓN» en letras mayúsculas, creas con ello un dios.

Por eso la palabra *Dios* se escribe con D mayúscula. Cada vez que quieres que algo sea supremo, definitivo, lo escribes con mayúscula.

—Ya he cometido un pecado —dijo el maestro. Borró todas las palabras que había escrito y dijo—: Por favor, escucha mi primera respuesta. Solo con ella te he dicho la verdad.

El silencio es el espacio en el que uno despierta, y la mente ruidosa es el espacio en el que uno permanece dormido. Si tu mente continúa parloteando, estás dormido. Si te sientas en silencio, si la mente desaparece y puedes oír el canto de los pájaros y no hay mente en tu interior, un silencio... este silbido del pájaro, este gorjeo, y ninguna mente funcionando dentro de tu cabeza, silencio total... entonces la conciencia aflora en ti. No viene de fuera, surge dentro de ti, crece en ti. Por lo demás, recuerda: estás dormido.

> El silencio es el espacio en el que uno despierta, y la mente ruidosa es el espacio en el que uno permanece dormido. Si tu mente continúa parloteando, estás dormido.

EL ENTENDIMIENTO

Nunca jamás uso la palabra *renuncia*. Lo que digo es: goza de la vida, del amor, de la meditación, de las bellezas del mundo, del éxtasis de la existencia... ¡goza de todo! Transforma lo mundano en sagrado. Transforma esta orilla en la otra orilla, transforma la tierra en el paraíso.

Y sin embargo, indirectamente, empieza a producirse una cierta renuncia. Pero es una cosa que ocurre, no lo haces tú. No es algo que haces, es algo que ocurre. Empiezas a renunciar a tus tonterías, empiezas a renunciar a la basura. Empiezas a renunciar a las relaciones insensatas. Empiezas a renunciar a trabajos que no satisfacen tu ser. Empiezas a renunciar a lugares en los que no era posible el crecimiento. Pero yo a eso no lo llamo renuncia. Lo llamo entendimiento, conciencia.

Si llevas piedras en la mano creyendo que son diamantes, yo no te diré que renuncies a esas piedras. Me limitaré a decirte: «Mantente alerta y echa otra mirada.» Si tú mismo ves que no son diamantes, ¿qué necesidad hay de renunciar a ellas? Caerán de tus manos por sí mismas. De hecho, si quieres seguir llevándolas tendrás que hacer un gran esfuerzo, tendrás que aplicar mucha voluntad para seguir llevándolas. Pero no podrás llevarlas mucho tiempo; en cuanto hayas visto que son inútiles, que no valen nada, tendrás ganas de tirarlas.

Y cuando tus manos queden vacías, podrás buscar auténticos tesoros. Y los tesoros auténticos no están en el futuro. Los auténticos tesoros están aquí mismo, ahora.

De hombres y ratas

La vigilia es el camino de la vida.
El tonto duerme como si ya estuviera muerto,
pero el maestro está despierto y vive eternamente.
Está vigilante. Tiene claridad.
¡Qué feliz es! Porque ve que estar despierto es vivir.
Qué feliz es siguiendo el camino de los despiertos.
Con gran perseverancia medita, buscando la libertad y la felicidad.

GAUTAMA BUDA, *Dhammapada*

VIVIMOS SIN prestar ninguna atención a lo que ocurre a nuestro alrededor. Sí, hemos llegado a ser muy eficientes en lo referente a hacer cosas. Lo que hacemos, lo hacemos ya tan eficientemente que no necesitamos ninguna conciencia para hacerlo. Se ha convertido en algo mecánico, automático. Funcionamos como robots. Todavía no somos hombres, somos máquinas.

Eso era lo que George Gurdjieff decía una y otra vez, que el hombre, tal como existe, es una máquina. Ofendió a mucha gente, porque a nadie le gusta que le llamen máquina. A las máquinas les gusta que las llamen dioses; entonces se sienten muy felices, se hinchan de satisfacción. Gurdjieff decía que las personas eran máquinas y tenía razón. Si te contemplas a ti mismo, verás lo mecánico que es tu comportamiento.

El psicólogo ruso Pavlov y el psicólogo norteamericano Skinner aciertan en un 99,9 por ciento cuando dicen que el hombre es una maravillosa máquina y nada más. No hay alma en él. He dicho que aciertan en un 99,9 por ciento; solo fallan por un pequeñísimo mar-

15

gen. En ese pequeño margen están los budas, los despiertos. Pero se les puede perdonar porque Pavlov nunca se encontró con un buda; solo se encontró con millones de personas como tú.

Skinner ha estudiado a los hombres y a las ratas y no ha encontrado diferencia. Las ratas son seres más simples, eso es todo; el hombre es un poco más complicado. El hombre es una máquina sumamente sofisticada, las ratas son máquinas simples. Es más fácil estudiar a las ratas; por eso los psicólogos siguen estudiando a las ratas. Estudian a las ratas y llegan a conclusiones acerca de los hombres... y sus conclusiones son casi correctas. Digo «casi», fijaos bien, porque esa décima del uno por ciento es el fenómeno más importante que ha sucedido. Un Buda, un Jesús, un Mahoma... esas pocas personas despiertas son los auténticos hombres.

Pero ¿dónde puede B. F. Skinner encontrar un buda? Desde luego, no en Estados Unidos.

He oído contar que un hombre le preguntó a un rabino:

—¿Por qué Jesús no decidió nacer en Estados Unidos y en el siglo XX?

El rabino se encogió de hombros y respondió:

—¿En Estados Unidos? Habría sido imposible. En primer lugar, ¿dónde ibas a encontrar una virgen? Y en segundo lugar, ¿dónde ibas a encontrar tres sabios?

> El hombre es una máquina sumamente sofisticada, las ratas son máquinas simples. Es más fácil estudiar a las ratas; por eso los psicólogos siguen estudiando a las ratas. Estudian a las ratas y llegan a conclusiones acerca de los hombres... y sus conclusiones son casi correctas.

¿DÓNDE VA A ENCONTRAR UN BUDA B. F. SKINNER? Y aunque encontrara un buda, sus prejuicios, sus ideas preconcebidas, no le permitirían verlo. Seguiría viendo sus ratas. Es incapaz de comprender

16

cualquier cosa que las ratas no puedan hacer. Ahora bien, las ratas no meditan, las ratas no alcanzan la iluminación. Y su concepto del hombre no es más que una imagen magnificada de una rata. Y aun así sigo diciendo que tiene razón en cuanto a la gran mayoría de la gente; sus conclusiones no están equivocadas, y los budas estarán de acuerdo con él en lo referente a la llamada humanidad normal. La humanidad normal está completamente dormida. Ni siquiera los animales están tan dormidos.

¿Has visto a un ciervo en el bosque? Lo alerta que parece, la cautela con que se mueve. ¿Has visto a un pájaro posado en un árbol? Lo inteligentemente que vigila todo lo que ocurre a su alrededor. Si te acercas al pájaro, este lo permitirá hasta cierta distancia. Más allá, un solo paso más y echará a volar. Tiene una clara conciencia de su territorio. Si alguien penetra en ese territorio, es peligroso.

Si miras a tu alrededor, te sorprenderás: el hombre parece ser el animal más dormido de la tierra.

Una mujer compra un loro en la subasta de los enseres de un prostíbulo de lujo, y mantiene tapada la jaula del loro durante dos semanas, con la esperanza de que así olvide su vocabulario obsceno. Cuando por fin destapa la jaula, el loro mira a su alrededor y dice: «¡Aurrk! Casa nueva, *madame* nueva.» Cuando entran las hijas de la mujer, el loro añade: «¡Aurrk! Chicas nuevas.» Cuando por la noche llega el marido, el loro dice: «¡Aurrk! Los mismos clientes de siempre.»

El hombre se encuentra en un estado muy decaído. De hecho, ese es el significado de la parábola cristiana de la caída de Adán y su expulsión del Edén. ¿Por qué fueron expulsados Adán y Eva del pa-

> ¿Por qué fueron expulsados Adán y Eva del paraíso? Fueron expulsados porque habían comido el fruto del árbol del conocimiento. Fueron expulsados porque se habían convertido en *mentes* y habían perdido su *conciencia*.

raíso? Fueron expulsados porque habían comido el fruto del árbol del conocimiento. Fueron expulsados porque se habían convertido en *mentes* y habían perdido su *conciencia*. Si te conviertes en una mente, pierdes la conciencia; la mente significa dormir, la mente significa ruido, la mente significa acción mecánica. Si te conviertes en una mente, pierdes la conciencia.

Así pues, lo que hay que hacer es recuperar la conciencia y perder la mente. Tienes que expulsar de tu sistema todo lo que has ido reuniendo en forma de conocimiento. Es el conocimiento lo que te mantiene dormido. Por lo tanto, cuanto más conocimiento tenga una persona, más dormida está.

Eso es también lo que he observado yo. Los aldeanos inocentes están mucho más alerta y despiertos que los profesores de las universidades y los *pundits* o sabios de los templos. Los *pundits* no son más que loros; los académicos de las universidades están repletos de caca de vaca sagrada, llenos de ruido desprovisto por completo de significado... son solo mentes sin nada de conciencia.

La gente que trabaja con la naturaleza —agricultores, jardineros, leñadores, carpinteros, pintores— está mucho más alerta que la gente que trabaja en las universidades como decanos y vicerrectores y rectores. Porque cuando trabajas con la naturaleza, la naturaleza está alerta. Los árboles están alerta; desde luego, su manera de estar alerta es diferente, pero están muy alerta.

Ahora existen pruebas científicas de su estado de alerta. Si el leñador llega con un hacha en la mano y con la intención deliberada de cortar el árbol, todos los árboles que le ven venir se echan a temblar. Ahora existen pruebas científicas de ello; lo que digo no es poesía, cuando digo esto estoy hablando de ciencia. Ahora existen instrumentos para medir si el árbol es feliz o desdichado, si tiene miedo o no, si está triste o extático. Cuando llega el leñador, todos los árboles que lo ven se echan a temblar. Son conscientes de que la muerte ronda cerca. Y el leñador todavía no ha cortado ningún árbol, solo se está acercando...

Una cosa más, mucho más extraña: si el leñador va simplemente de paso, sin la idea deliberada de talar un árbol, a ningún árbol le entra miedo. Es el mismo leñador, con la misma hacha. Parece que su *intención* de talar un árbol afecta a los árboles. Esto significa que se ha comprendido su intención; significa que sus vibraciones están siendo descifradas por los árboles.

Hay otro hecho significativo que se ha observado científicamente. Si penetras en el bosque y matas un animal, no solo el reino animal de los alrededores se siente sacudido; también los árboles. Si matas un ciervo, todos los ciervos de las proximidades sienten la vibración de la muerte y se entristecen; un gran temblor se apodera de ellos. De pronto sienten miedo sin ningún motivo concreto. Puede que no hayan visto cómo matabas al ciervo, pero de algún modo, de un modo sutil, resultan afectados... instintivamente, intuitivamente. Pero esto no afecta solo a los ciervos... afecta a los árboles, afecta a los loros, afecta a los tigres, afecta a las águilas, afecta a las hojas de hierba. Se ha producido un crimen, un acto de destrucción, una muerte... y todo lo que hay cerca resulta afectado. El hombre parece ser el más dormido...

Los sutras de Buda son para meditarlos profundamente, para absorberlos, para seguirlos. Él dice:

La vigilia es el camino hacia la vida.

Estás vivo solo en la medida en que estás despierto. La conciencia es la diferencia entre la vida y la muerte. No estás vivo solo por estar respirando, no estás vivo solo porque tu corazón late. Fisiológicamente, se te puede mantener vivo en un hospital, sin ninguna conciencia. Tu corazón seguirá latiendo y serás capaz de respirar. Así se te puede mantener en un estado mecánico de modo que sigas vivo durante muchos años... en el sentido de que respiras y el corazón late y la sangre circula. En los países avanzados del mundo hay actualmente muchas personas que simplemente vegetan en los hospitales, porque la tecnología avanzada hace posible que tu muerte se posponga indefinidamente. Se te puede mantener vivo durante años. Si eso es vida, entonces se te puede mantener vivo. Pero eso no es vida, ni mucho menos. Limitarse a vegetar no es vivir.

Los budas tienen una definición diferente. Su definición se basa en la conciencia. No dicen que estás vivo porque puedes respirar, no dicen que estás vivo porque tu sangre circula; dicen que estás vivo si estás despierto. Así pues, con la excepción de los despiertos, nadie está verdaderamente vivo. Sois cadáveres que andan, hablan y hacen cosas, sois robots.

La vigilia es el camino hacia la vida, dice Buda. Despierta y estarás más vivo. Y la vida *es* Dios. No hay otro Dios. Por eso Buda habla de la vida y la consciencia. La vida es el objetivo y la consciencia es la metodología, la técnica para alcanzarlo.

El tonto duerme...

Todos estáis dormidos, así que todos sois tontos. No os sintáis ofendidos. Las cosas hay que decirlas tal como son. Funcionáis en sueños; por eso vais dando tumbos, seguís haciendo cosas que no queréis hacer. Seguís haciendo cosas que habéis decidido no hacer. Seguís haciendo cosas que sabéis que no están bien y no hacéis cosas que sabéis que están bien.

¿Cómo es posible tal cosa? ¿Por qué no podéis andar derechos? ¿Por qué seguís atrapados en caminos que no conducen a ninguna parte? ¿Por qué seguís extraviándoos?

A un joven con bonita voz le proponen participar en una función teatral, pero él intenta librarse diciendo que siempre pasa vergüenza en ese tipo de ocasiones. Le aseguran que será muy fácil, y que solo tiene que decir una frase: «Vengo a robar un beso y corro al combate. ¡Ah! Oigo un disparo de pistola...», y después abandonar el escenario.

Durante la función, el joven sale a escena, ya muy avergonzado por los cortos y ajustados pantalones coloniales que le han hecho ponerse en el último momento, y queda completamente trastornado al ver a la bella heroína que le espera tendida en una hamaca de jardín, con un vestido blanco. Carraspea y declara: «Vengo a sobar un berro... no, a robar un beso y combo al carrete, digo, corro al combate. ¡Ah! Oigo un pistolo de dispara... no, un esporo de pistilo, un pistado de perola... ¡Mierda, me cago en todos vosotros! ¡Ya os dije que no quería actuar en esta maldita función!»

Eso es lo que está pasando. Examina tu vida. Todo lo que sigues haciendo es tan confuso y confunde tanto... No tienes nada de claridad, no tienes nada de percepción. No estás alerta. No ves, no oyes... Desde luego, tienes oídos para oír, pero dentro no hay nadie que lo entienda. Desde luego, tienes ojos para ver, pero dentro no hay nadie. Tus ojos siguen viendo y tus oídos siguen escuchando, pero no se comprende nada. Y a cada paso das un tropezón, a cada paso cometes algún error. Y aún sigues creyendo que estás consciente.

Desecha por completo esa idea. Desecharla constituye un gran salto, un gran paso adelante, porque en cuanto abandonas la idea de «estoy consciente» empiezas a buscar y rebuscar maneras y medios para estar consciente. Así pues, lo primero que tienes que meterte en la cabeza es que estás dormido, completamente dormido.

La psicología moderna ha descubierto unas cuantas cosas importantes; aunque solo se han descubierto a nivel intelectual, es un buen comienzo. Si se han descubierto intelectualmente, tarde o temprano también se experimentarán existencialmente.

Freud fue un gran pionero; por supuesto, no era un buda, pero sí un hombre de gran trascendencia, porque fue el primero que consiguió que la mayor parte de la humanidad aceptara la idea de que el hombre tiene un gran subconsciente oculto en su interior. La mente consciente representa solo una décima parte, y la mente subconsciente es nueve veces más grande que la consciente.

Después, su discípulo Jung fue un poco más lejos, un poco más a fondo, y descubrió el subconsciente colectivo. Detrás del subconsciente del individuo hay un subconsciente colectivo. Ahora es preciso que alguien descubra una cosa más que está ahí, y yo tengo la esperanza de que, tarde o temprano, las investigaciones psicológicas en marcha lo descubran: el subconsciente cósmico. Los budas han hablado de él.

Así pues, podemos hablar de la mente consciente: una cosa muy frágil, una parte muy pequeña de nuestro ser. Detrás de la mente consciente está el subconsciente: poco claro, se pueden oír sus susurros pero no los sabes interpretar. Siempre está ahí, detrás de la mente consciente, tirando de sus hilos. En tercer lugar está la mente inconsciente, con la que solo entramos en contacto durante el sueño o cuando tomamos drogas. Y detrás, la mente subconsciente colectiva. Con esta solo entramos en contacto cuando emprendemos una profunda investigación de nuestra mente subconsciente; entonces se encuentra uno con el subconsciente colectivo. Y si seguimos profundizando aún más, se llega al subconsciente cósmico. El subconsciente cósmico es la naturaleza. El subconsciente colectivo es toda la humanidad que ha vivido hasta ahora; forma parte de uno. El inconsciente es un inconsciente individual que la sociedad ha reprimido, sin permitirle expresarse. Por eso llega de noche por la puerta trasera, en los sueños.

Y la mente consciente... La llamaré la mente supuestamente consciente, porque solo es eso. Es tan diminuta... solo un parpadeo, pero aunque solo sea un parpadeo es importante porque contiene la semilla; las semillas siempre son pequeñas. Tiene un gran potencial. Ahora se está abriendo una dimensión totalmente nueva. Así como Freud abrió la dimensión que está debajo de la consciencia, Sri Aurobindo abrió la dimensión que está por encima. Freud y Sri Aurobindo son las dos personas más importantes de esta época. Los dos son intelectuales, ninguno de ellos es una persona despierta, pero los dos han hecho un gran servicio a la humanidad. Nos han hecho intelectualmente conscientes de que no somos tan pequeños como parecemos desde la superficie, de que la superficie oculta grandes profundidades y alturas.

Freud descendió a las profundidades; Sri Aurobindo intentó penetrar en las alturas. Por encima de lo que llamamos nuestra mente consciente está la verdadera mente consciente; solo se alcanza mediante la meditación. Cuando a nuestra mente consciente normal se le añade la meditación, cuando a la mente consciente normal se le suma la meditación, se convierte en la verdadera mente consciente.

Más allá de la verdadera mente consciente está la mente superconsciente. Cuando uno medita no ves más que vislumbres momentáneos. La meditación es tantear en la oscuridad. Sí, se abren unas cuantas ventanas, pero se vuelve a caer una y otra vez. La mente superconsciente significa que se ha llegado al *shamadi*: se ha alcanzado una percepción cristalina, se ha alcanzado una conciencia integrada. Ahora ya no se puede caer abajo; es tuya. Hasta cuando duermes seguirá estando contigo.

Más allá de la mente superconsciente está el superconsciente colectivo. El superconsciente colectivo es lo que las religiones denominan «dios». Y más allá del superconsciente colectivo está el superconsciente cósmico, que sobrepasa incluso a los dioses. Buda lo llama *nirvana*, Mahavira lo llama *kaivalya*, los místicos hindúes lo han llamado *moksha*; tú puedes llamarlo la verdad.

Estos son los nueve estados de existencia. Y tú estás viviendo solo en un pequeño rincón de tu ser: la minúscula mente consciente. Es como si alguien tuviera un palacio y se hubiera olvidado por completo del palacio y estuviera viviendo en el porche... y pensara que eso es todo lo que hay.

Freud y Sri Aurobindo son dos grandes gigantes intelectuales, pioneros, filósofos, pero los dos están haciendo grandes conjeturas. En lugar de enseñar a los estudiantes la filosofía de Bertrand Russell, Alfred North Whitehead, Martin Heidegger o Jean-Paul Sartre, sería mucho mejor que se les enseñara más sobre Sri Aurobindo, porque es el más grande filósofo de esta era. Pero está totalmente relegado, rechazado por el mundo académico. La razón es que, con solo leer a Sri Aurobindo, te das cuenta de que estás inconsciente. Y él no es un buda todavía, pero aun así es capaz de crear una situación muy embarazosa para ti. Si tiene razón, ¿qué estás haciendo? ¿Por qué no estás explorando las alturas de tu ser?

Freud fue aceptado con gran resistencia, pero al final fue aceptado. Sri Aurobindo todavía no ha sido aceptado. De hecho, ni siquiera encuentra oposición; simplemente, no se le hace ningún

> Tú estás viviendo solo en un pequeño rincón de tu ser: la minúscula mente consciente. Es como si alguien tuviera un palacio y se hubiera olvidado por completo del palacio y estuviera viviendo en el porche... y pensara que eso es todo lo que hay.

caso. Y la razón está clara. Freud habla de algo que está por debajo de nosotros, y eso no resulta tan embarazoso; uno se puede sentir bien sabiendo que está consciente y que debajo de la conciencia hay un subconsciente y un inconsciente y un subconsciente colectivo. Pero todos esos estados están por debajo de ti, tú estás en lo alto, te puedes sentir muy bien. En cambio, si estudias a Sri Aurobindo te sentirás avergonzado, ofendido, porque existen estados por encima de ti, y el ego humano nunca quiere aceptar que exista algo por encima de él. El hombre quiere creer que es el pináculo más alto, la culminación, el Gourishankar, el Everest... que no existe nada por encima de él.

Y uno se siente muy a gusto. Negando tu propio reino, negando tus propias alturas, te sientes muy bien. Fíjate qué tontería.

Buda tiene razón cuando dice:

El tonto duerme como si ya estuviera muerto, pero el maestro está despierto y vive eternamente.

La conciencia es eterna, no conoce la muerte. Solo la inconsciencia muere. Así pues, si sigues inconsciente, dormido, tendrás que morir otra vez. Si quieres librarte de todo este sufrimiento de nacer y morir una y otra vez, si quieres librarte de la rueda del nacimiento y la muerte, tienes que llegar a estar absolutamente alerta. Tienes que subir cada vez más a las alturas de la conciencia.

Y estas cosas no se pueden aceptar en el terreno intelectual; estas cosas tienen que experimentarse, estas cosas tienen que ser existenciales. No te estoy diciendo que te convenzas filosóficamente, porque la convicción filosófica no aporta nada, ninguna cosecha. La verdadera cosecha solo se obtiene cuando haces un gran esfuerzo por despertarte.

Pero estos mapas intelectuales pueden generar en ti un deseo, un anhelo. Pueden hacerte consciente del potencial, de lo posible; pueden hacerte consciente de que no eres lo que pareces ser; de que eres mucho más.

El tonto duerme como si ya estuviera muerto, pero el maestro está despierto y vive eternamente. Está vigilante. Tiene claridad.

Simples y bellas afirmaciones. La verdad es siempre simple y siempre bella. Solo hay que ver lo simples que son estas dos afirmaciones... pero lo mucho que contienen. Mundos dentro de mundos, mundos infinitos. *Está vigilante. Tiene claridad.*

Lo único que hay que aprender es a estar la todas tus acciones. Vigila todos los pensamientos que pasan por tu mente. Vigila todos los deseos que se apoderan de ti. Vigila incluso los pequeños gestos: andar, hablar, comer, tomar un baño. Sigue vigilándolo todo. Deja que todo se convierta en una oportunidad para vigilar.

No comas mecánicamente, no te limites a engullir. Mantente muy alerta. Mastica bien y no dejes de estar alerta... y te sorprenderá lo mucho que te has perdido hasta ahora, porque cada bocado te proporcionará una enorme satisfacción. Si comes vigilantemente, la comida será más sabrosa. Incluso la comida vulgar sabe bien si estás alerta; y si no lo estás, ya puedes comer la comida más sabrosa, que no tendrá sabor porque no hay nadie que lo advierta. Simplemente, seguirás engullendo. Come despacio, con atención; cada bocado hay que masticarlo y saborearlo.

Huele, toca, siente la brisa y los rayos de sol. Mira la luna y conviértete en un estanque callado y vigilante, y la luna se reflejará en ti con enorme belleza.

> Cuanto más alerta estás, más disminuyen todas tus prisas. Te mueves con más gracia. Cuando estás alerta, tu mente parlanchina parlotea menos, porque la energía que se dedicaba a parlotear se dedica a la vigilancia y se convierte en vigilancia. ¡Es la misma energía!

Muévete por la vida manteniéndote en constante vigilancia. Se te olvidará una y otra vez. No te atormentes por ello; es natural. Durante millones de vidas, nunca has intentado estar alerta, así que es lógico y natural que te olvides una y otra vez. Pero en cuanto te acuerdes, vuelve a vigilar.

Recuerda una cosa: cuando recuerdes que te has olvidado de vigilar, no te pongas triste, no te arrepientas; si lo haces, estarás perdiendo el tiempo otra vez. No te sientas miserable: «Me he vuelto a perder.» No empieces a sentir «soy un pecador». No empieces a condenarte, porque eso es una pura pérdida de tiempo. ¡Nunca te arrepientas del pasado! Vive en el momento. Si te has olvidado, ¿qué más da? Era natural. Se ha convertido en un hábito y los hábitos son difíciles de extirpar. Y no se trata de hábitos adquiridos en una sola vida; son hábitos asimilados durante millones de vidas. Así pues, si eres capaz de mantenerte alerta aunque solo sea unos minutos, puedes estar agradecido. Incluso esos pocos minutos son más de lo que cabía esperar.

> No se puede ser una cosa a medias, no se puede ser tibio. Eso no servirá de nada. El agua tibia no puede evaporarse, y los esfuerzos tibios por estar alerta están condenados al fracaso.

Está vigilante. Tiene claridad.

Y cuando vigilas, surge la claridad. ¿Por qué surge claridad de la vigilancia? Porque cuanto más alerta estás, más disminuyen todas tus prisas. Te mueves con más gracia. Cuando estás alerta, tu mente parlanchina parlotea menos, porque la energía que se dedicaba a parlotear se dedica a la vigilancia y se convierte en vigilancia. ¡Es la misma energía! A partir de ahí, cada vez es más la energía que se transforma en vigilancia, y la mente no recibe su ración. Los pensamientos empiezan a adelgazar, empiezan a perder peso. Poco a poco empezarán a morir. Y cuando los pensamientos empiezan a morir, surge la claridad. Ahora tu mente se transforma en un espejo.

¡Qué feliz es! Y cuando uno tiene claridad, uno es bienaventurado. La confusión es la causa de todo sufrimiento; la claridad es la base de la felicidad. *¡Qué feliz es! Porque ve que estar despierto es vivir.*

Y ahora sabe que no existe la muerte, porque su estado despierto no se puede destruir. Cuando llegue la muerte, también la vigilarás. Morirás vigilando; la vigilancia no morirá. Tu cuerpo desaparecerá, el polvo al polvo, pero tu vigilancia quedará. Se convertirá en parte de la totalidad cósmica. Se convertirá en conciencia cósmica.

En estos momentos, los profetas de los Upanishads declaran «*Aham brahmasmi*», «soy la conciencia cósmica». En estos espacios es donde al-Hillaj Mansoor proclamó «*Ana'l haq*», «yo soy la verdad». Estas son las alturas, a las que tienes derecho por nacimiento. Si no llegas a ellas, el único responsable eres tú, y nadie más.

¡Qué feliz es! Porque ve que estar despierto es vivir.
Qué feliz es, siguiendo el camino de los despiertos.
Con gran perseverancia medita, buscando la libertad y la felicidad.

Escucha con mucha atención estas palabras: *Con gran perseverancia...* A menos que pongas todo tu esfuerzo en despertarte, no ocurrirá. Los esfuerzos parciales son inútiles. No se puede ser una cosa a medias, no se puede ser tibio. Eso no servirá de nada. El agua tibia no puede evaporarse, y los esfuerzos tibios por estar alerta están condenados al fracaso.

La transformación solamente ocurre cuando pones toda tu energía en ello.

La transformación solamente ocurre cuando pones toda tu energía en ello. Cuando hierves a cien grados, entonces te evaporas, entonces se produce el cambio alquímico. Entonces empiezas a ascender. ¿No lo has observado? El agua fluye hacia abajo, pero el vapor asciende a lo alto. Aquí ocurre exactamente lo mismo: la inconsciencia va hacia abajo, la conciencia va hacia arriba.

Y una cosa más: hacia arriba es sinónimo de hacia dentro, y hacia abajo es sinónimo de hacia fuera. La conciencia va hacia dentro, la inconsciencia va hacia fuera. La inconsciencia hace que te intereses en lo otro: otras cosas, otras personas, pero siempre otros. La inconsciencia te mantiene en una completa oscuridad, tus ojos siguen enfocando otras cosas. Crea una especie de exterioridad, te hace extravertido. La conciencia crea interioridad, te hace introvertido, te lleva hacia dentro, cada vez a mayor profundidad.

Y más profundidad significa también más altura; las dos crecen a la vez, como crecen los árboles. Tu solo los ves creciendo hacia arriba, no ves las raíces que crecen hacia abajo. Pero primero las raíces tienen que crecer hacia abajo, solo entonces puede el árbol crecer hacia arriba. Si un árbol quiere llegar hasta el cielo, tendrá que enviar raíces hasta el fondo mismo, a la mayor profundidad posible. El árbol crece simultáneamente en las dos direcciones. Exactamente del mismo modo crece la conciencia. Hacia arriba... hacia abajo, hundiendo sus raíces en tu ser.

Las raíces del sufrimiento

✦

EL SUFRIMIENTO es un estado de inconsciencia. Somos desgraciados porque no somos conscientes de lo que estamos haciendo, de lo que estamos pensando, de lo que estamos sintiendo... y por eso nos contradecimos continuamente, a cada momento. La acción va en una dirección, el pensamiento en otra, el sentimiento está en otra parte. Nos vamos haciendo pedazos, cada vez estamos más fragmentados. Eso es el sufrimiento: perdemos integración, perdemos unidad. Perdemos por completo el centro, somos una simple periferia. Y naturalmente, una vida que no sea armoniosa está condenada a ser miserable, trágica, una carga que hay que llevar como se pueda, un sufrimiento. Lo máximo que uno puede hacer es conseguir que este sufrimiento sea menos doloroso. Y existen mil y una clases de quitadolores.

No solo están las drogas y el alcohol: la religión también se ha utilizado a modo de opio. Deja a las personas drogadas. Y naturalmente, todas las religiones están en contra de las drogas, porque ellas mismas se dedican al mismo negocio; están

> ✦
> Nos contradecimos continuamente, a cada momento. La acción va en una dirección, el pensamiento en otra, el sentimiento está en otra parte. Nos vamos haciendo pedazos, cada vez estamos más fragmentados. Eso es el sufrimiento: perdemos integración, perdemos unidad.

en contra de los competidores. Si la gente toma opio, puede que deje de ser religiosa; puede que ya no tenga necesidad de ser religiosa. Si ya han encontrado el opio, ¿por qué tendrían que molestarse con la religión? Y el opio es más barato, exige menos compromiso. Si la gente toma marihuana, LSD y otras drogas más sofisticadas, es natural que no sea religiosa, porque la religión es una droga muy primitiva. Por eso todas las religiones están contra las drogas.

> La razón de que las religiones estén contra las drogas es que las drogas son competidores y, por supuesto, si se puede impedir que la gente use drogas será más fácil que caigan en las trampas de los sacerdotes, porque esa es la única salida que les queda. Es una especie de monopolio: en el mercado solo queda su opio y todo lo demás se declara ilegal.

La razón no es que estén verdaderamente en contra de las drogas. La razón es que las drogas son competidores y, por supuesto, si se puede impedir que la gente use drogas será más fácil que caigan en las trampas de los sacerdotes, porque esa es la única salida que les queda. Es una especie de monopolio: en el mercado solo queda su opio y todo lo demás se declara ilegal.

La gente vive sumida en el sufrimiento. Solo existen dos maneras de salir de él: la primera consiste en convertirse en meditador: alerta, despierto, consciente... y eso es algo muy difícil. Se necesita coraje. La manera más barata consiste en encontrar algo que te pueda dejar aún más inconsciente de lo que ya estás, para que no puedas sentir el sufrimiento. Encuentra algo que te deje totalmente insensible, algo que te intoxique, algún anestésico que te deje tan inconsciente que puedas escapar a esa inconsciencia y olvidar todas tus ansiedades, angustias y sinsentidos.

La segunda manera no es la verdadera. La segunda manera solo hace que tu sufrimiento resulte un poco más confortable, un poco más soportable, un poco más cómodo. Pero no ayuda, no te transforma. La única transformación llega por la vía de la meditación, porque la meditación es el único método que te hace consciente. Para mí, la meditación es la única religión verdadera. Todo lo demás es un engañabobos. Y existen diferentes marcas de opio: cristianismo, hinduismo, islamismo, jainismo, budismo... pero son solo diferentes marcas. El recipiente es distinto, pero el contenido es el mismo: todas te ayudan de algún modo a adaptarte a tu sufrimiento.

Lo que yo me propongo es llevarte más allá del sufrimiento. No hay necesidad de adaptarse al sufrimiento: existe la posibilidad de librarse por completo de él. Pero el camino es un poco difícil; el camino es un desafío.

Tienes que hacerte consciente de tu cuerpo y de lo que haces con él...

Un día, Buda estaba pronunciando su discurso matutino y el rey había acudido a escucharle. Estaba sentado enfrente de Buda y no paraba de mover el dedo gordo del pie. Buda dejó de hablar y miró el dedo del pie del rey. Como es natural, cuando Buda miró su dedo, el rey dejó de moverlo. Buda empezó a hablar de nuevo, y el rey empezó otra vez a mover el dedo gordo del pie. Entonces Buda le preguntó:

—¿Por qué haces eso?

El rey respondió:

—Solo cuando dejaste de hablar y me miraste el dedo me di cuenta de lo que estaba haciendo. No era nada consciente de lo que hacía.

—Es tu dedo y no eres consciente —dijo Buda—. Entonces, podrías llegar a matar a una persona sin ser consciente de ello.

Y exactamente de esa manera se ha matado a gente y el homici-

> No hay necesidad de adaptarse al sufrimiento: existe la posibilidad de librarse por completo de él. Pero el camino es un poco difícil; el camino es un desafío.

da no ha sido consciente. Muchos homicidas han negado en los tribunales haber matado a alguien. Al principio se pensaba que simplemente mentían, pero recientemente se ha descubierto que no estaban mintiendo, que lo hicieron en estado de inconsciencia. En aquel momento estaban tan rabiosos, tan enfurecidos, que fueron poseídos por su furia. Y cuando estás furioso, tu cuerpo segrega ciertas toxinas y tu sangre se intoxica. Estar enfurecido es estar en un estado de locura temporal. Y la persona se olvidará por completo de lo que hizo, porque no era consciente de lo que hacía. Y así es como la gente se enamora, mata a otros, se suicida, hace todas esas cosas.

> El primer paso hacia la conciencia es prestarle mucha atención a tu cuerpo. Y a medida que te vas haciendo consciente, empieza a ocurrir un milagro: dejas de hacer muchas cosas que antes hacías. Tu cuerpo se encuentra más relajado, tu cuerpo está más entonado.

El primer paso hacia la conciencia es prestarle mucha atención a tu cuerpo. Poco a poco, uno se va poniendo en estado de alerta ante cada gesto y cada movimiento. Y a medida que te vas haciendo consciente, empieza a ocurrir un milagro: dejas de hacer muchas cosas que antes hacías. Tu cuerpo se encuentra más relajado, tu cuerpo está más entonado, una profunda paz empieza a prevalecer incluso en tu cuerpo, una música sutil vibra en tu cuerpo.

Después, empiezas a hacerte consciente de tus pensamientos; hay que hacer lo mismo con los pensamientos. Son más sutiles que el cuerpo y, por supuesto, también más peligrosos. Y cuando te hagas consciente de tus pensamientos, te sorprenderá lo que ocurre en tu interior. Si pones por escrito lo que está ocurriendo en cualquier momento, te llevarás una gran sorpresa. No te lo vas a creer. «¿Esto es lo que está ocurriendo dentro de mí?» Sigue escribiendo durante solo diez minutos. Cierra las puertas con llave y cierra también

las ventanas para que nadie pueda entrar, para que puedas ser completamente sincero. Y enciende fuego para poder tirar al fuego lo
que escribas; así nadie lo sabrá aparte de ti. Y después, sé absolutamente sincero; ponte a escribir lo que está pasando dentro de
la mente. No lo interpretes, no lo alteres, no lo edites. Limítate a
ponerlo en el papel sin adornos, tal como es, exactamente como es.

Y al cabo de diez minutos, léelo. ¡Verás una mente loca por dentro! No somos conscientes de que toda esa locura fluye constantemente como una corriente subterránea. Afecta a todo lo que tiene
importancia en tu vida. Afecta a cual-
quier cosa que hagas; afecta a todo lo
que no haces, afecta a todo. ¡Y la suma
de todo ello va a ser tu vida!

Así pues, este loco debe cambiar. Y
el milagro de la conciencia es que no
necesitas hacer nada, aparte de hacerte consciente. El fenómeno mismo de
observarlo hace que cambie. Poco a
poco, el loco va desapareciendo. Poco
a poco, los pensamientos empiezan a
ajustarse a cierta pauta. Su caos desaparece, se van convirtiendo en algo
más parecido a un cosmos. Y una vez
más, una profunda paz lo domina
todo.

> Cuando te hagas
> consciente de tus
> pensamientos, te
> sorprenderá lo que
> ocurre en tu interior.
> Si pones por escrito
> lo que está
> ocurriendo en
> cualquier momento,
> te llevarás una gran
> sorpresa. No te lo
> vas a creer.

Y cuando tu cuerpo y tu mente es-
tén en paz, verás que están sintonizados uno con otro, que existe un
puente. Ahora ya no corren en diferentes direcciones, ya no cabal-
gan en diferentes caballos. Por primera vez hay acuerdo, y ese
acuerdo constituye una ayuda inmensa para trabajar en el tercer
paso: hacerte consciente de tus sentimientos, emociones, estados
de humor. Esta es la capa más sutil y más difícil, pero si puedes ser
consciente de los pensamientos solo tienes que dar un paso más. Se
necesita una conciencia un poco más intensa para empezar a meditar sobre tus estados de humor, tus emociones, tus sentimientos.

En cuanto eres consciente de estas tres cosas, todas se unen en un único fenómeno. Y cuando estas tres cosas sean una sola, funcionando perfectamente al unísono, canturreando juntas, cuando puedas sentir la música de las tres —se han convertido en una orquesta—, ocurre la cuarta. Lo que tú no puedes hacer ocurre por sí solo, es un regalo de la totalidad. Es una recompensa para los que han hecho estas tres cosas.

Y la cuarta cosa es la conciencia definitiva que lo despierta a uno. Uno se hace consciente de la propia conciencia, esa es la cuarta cosa. Eso te convierte en un buda, un ser despierto. Y solo en ese despertar llega uno a conocer lo que es la bienaventuranza. El cuerpo conoce el placer, la mente conoce la felicidad, el corazón conoce la alegría, la cuarta cosa conoce la bienaventuranza. La bienaventuranza es el objetivo, y la conciencia es el camino que lleva a ella.

Mundos privados

D IJO HERÁCLITO:

Los hombres son tan olvidadizos y descuidados
de lo que ocurre a su alrededor
en sus momentos de vigilia
como cuando están dormidos.
Tontos, aunque oyen
son como los sordos.
A ellos se les aplica el adagio
de que cuando están presentes
están ausentes.
Uno no debería actuar ni hablar
como si estuviera dormido.
Los despiertos tienen un mundo en común;
los durmientes tienen un mundo privado cada uno.
Lo que vemos cuando estamos despiertos es la muerte;
cuando estamos dormidos, vemos sueños.

Heráclito aborda el problema más grave del hombre: que aun cuando está despierto, está completamente dormido.

Estás dormido cuando duermes, pero también estás dormido cuando estás despierto. ¿Qué significa esto? Porque esto es lo que dice Buda, lo que dice Jesús, lo que dice Heráclito. Pareces completamente despierto, pero es solo apariencia; en el fondo de tu ser, el sueño continúa.

Incluso en este momento estás soñando por dentro. Mil y un

pensamientos siguen su curso, y tú no eres consciente de lo que está ocurriendo, no eres consciente de lo que estás haciendo, no eres consciente de quién eres. Te mueves como se mueve la gente en sueños.

Seguro que has conocido a alguien que se mueve, hace tal o cual cosa y después vuelve a quedarse dormido. Es una enfermedad llamada sonambulismo. Mucha gente se levanta de la cama por la noche; tienen los ojos abiertos, pueden moverse. Van a la cocina, comen algo y vuelven a meterse en la cama. Y si les preguntas a la mañana siguiente, no saben nada del asunto. Como máximo, si se esfuerzan por recordar, verán que tuvieron un sueño esa noche, que soñaron que se despertaban e iban a la cocina. Pero fue un sueño, eso como máximo; incluso eso resulta difícil de recordar.

> ¿Qué has hecho en el pasado? ¿Puedes recordarlo exactamente, por qué hiciste lo que hiciste? ¿Qué te ocurrió? ¿Estabas alerta cuando ocurría?

Mucha gente ha cometido crímenes; muchos homicidas declaran ante el tribunal que no saben nada, que no recuerdan haber hecho tal cosa. No es que estén mintiendo al tribunal, no. Los psicoanalistas han acabado por descubrir que no están mintiendo, no están intentando engañar; son absolutamente sinceros. Cometieron el homicidio —lo cometieron cuando estaban profundamente dormidos— como en un sueño. Este sueño es más profundo que el sueño normal. Este sueño es como estar borracho: puedes moverte un poco, puedes hacer unas pocas cosas, puedes también estar un poco consciente... pero estás borracho. No sabes lo que está ocurriendo con exactitud. ¿Qué has hecho en el pasado? ¿Puedes recordarlo exactamente, por qué hiciste lo que hiciste? ¿Qué te ocurrió? ¿Estabas alerta cuando ocurría? Te enamoras sin saber por qué; te pones de mal humor sin saber por qué. Por supuesto, encuentras excusas; racionalizas todo lo que haces... pero la racionalización no es conciencia.

Conciencia significa que eres completamente consciente de cualquier cosa que esté ocurriendo en ese momento. Tú estás presente. Si tú estás presente cuando surge la ira, la ira no puede surgir. Solo puede ocurrir cuando estás completamente dormido. Cuando estás presente, se inicia inmediatamente una transformación en tu ser, porque cuando tú estás presente, consciente, muchas cosas simplemente no son posibles. Así pues, de hecho solo existe un pecado, que es la inconsciencia.

El significado original de la palabra *pecar* es faltar. No significa hacer algo que está mal, significa simplemente faltar, estar ausente. La raíz hebrea de la palabra *pecado* significa faltar. [También ocurre en algunas palabras inglesas construidas sobre la partícula *miss*: misconduct, misbehavior.] Faltar significa no estar ahí, hacer algo sin estar presente: este es el único pecado. ¿Y la única virtud? Estar completamente alerta cuando haces algo. Lo que Gurdjieff llama recordarse uno mismo, lo que Buda llama estar correctamente atento, lo que Krishnamurti llama conciencia, lo que Kabir ha llamado *surati*. ¡Estar ahí! Eso es lo único que hace falta, y nada más.

> El significado original de la palabra *pecar* es faltar. No significa hacer algo que está mal, significa simplemente faltar, estar ausente, hacer algo sin estar presente: este es el único pecado.

No necesitas cambiar nada, y aunque intentaras cambiar algo no podrías. Ya has intentado cambiar muchas cosas en ti. ¿Lo has conseguido? ¿Cuántas veces has decidido no volver a enfurecerte? ¿Qué ocurrió con tus propósitos? Cuando llega el momento, vuelves a caer en la misma trampa; te pones furioso, y cuando la furia ha pasado, te arrepientes. Se ha convertido en un círculo vicioso: incurres en la ira, te arrepientes y quedas listo para volver a incurrir.

Recuerda que aunque te arrepientas no estás ahí: ese arrepentimiento también forma parte del pecado. Por eso no ocurre nada. Sigues intentándolo una y otra vez, y tomas muchas decisiones y te haces muchos propósitos, pero no ocurre nada. Sigues igual. Eres exactamente igual que cuando naciste, sin que se haya producido en ti ni el más mínimo cambio. No es que no lo hayas intentado, no es que no te hayas esforzado, lo has intentado una y otra vez. Y fracasas porque no es cuestión de esfuerzo. Esforzarte más no te servirá de nada. Es cuestión de estar alerta, no de esfuerzo.

Si estás alerta, muchas cosas simplemente desaparecen; no necesitas deshacerte de ellas. En estado consciente, ciertas cosas no son posibles. Y esta es mi definición, no existe otro criterio. Si estás consciente no puedes enamorarte; por lo tanto, caer enamorado es un pecado. Puedes amar, pero eso no es como una caída, es como una ascensión. ¿Por qué [en inglés] se usa la expresión «caer enamorado» *(falling in love)*? Es una caída; estás cayendo, no estás ascendiendo. Cuando estás consciente, no es posible caer... ni siquiera en el amor. No es posible, simplemente no lo es. Con la conciencia no es posible; asciendes en el amor. Y ascender en el amor es un fenómeno totalmente diferente del enamoramiento. Estar enamorado es un estado onírico. Por eso a la gente que está enamorada se le nota en los ojos; es como si estuvieran más dormidos que los demás, intoxicados, soñando. Se les nota en los ojos porque sus ojos tienen una ensoñación. Las personas que ascienden en el amor son totalmente diferentes. Se nota que ya no están soñando, que están afrontando la realidad y eso las hace crecer.

> Si estás consciente no puedes enamorarte, por lo tanto, caer enamorado es un pecado. Puedes amar, pero eso no es como una caída, es como una ascensión.

Al enamorarte sigues siendo un niño; al ascender en el amor, maduras. Y en poco tiempo, el amor deja de ser una relación; se convierte en un estado de tu ser. Entonces ya no se puede decir que ames a este y no ames a aquel, no; simplemente, amas. Es algo que compartes con cualquiera que se acerque a ti. Ocurra lo que ocurra, tú das tu amor. Tocas una piedra y la tocas como si estuvieras tocando el cuerpo de tu persona amada. Miras un árbol y lo miras como si miraras el rostro de tu amado. Se convierte en un estado del ser. No es que estés enamorado, es que *eres* amor. Esto es ascender, no caer.

El amor es hermoso cuando asciendes por él, y se convierte en algo sucio y feo cuando desciendes por él. Y tarde o temprano descubrirás que resulta venenoso, que se convierte en un cautiverio. Has quedado atrapado, tu libertad ha sido aplastada; te han cortado las alas, ya no eres libre. Al caer enamorado te conviertes en una posesión; tú posees y permites que alguien te posea a ti. Te conviertes en un objeto, y tratas de convertir en un objeto a la persona de la que te has enamorado.

Mira una pareja de marido y mujer. Los dos se han convertido en objetos, ya no son personas. Los dos intentan poseer al otro. Solo las cosas se pueden poseer, no las personas. ¿Cómo puedes poseer una persona? ¿Cómo puedes dominar a una persona? ¿Cómo puedes convertir a una persona en una posesión? ¡Imposible! Pero el marido está intentando poseer a la esposa; la esposa intenta lo mismo. Se produce un choque, y los dos acaban por convertirse básicamente en enemigos. Son destructivos el uno para el otro.

Sucedió que el mulá Nasruddin entró en la oficina de un cementerio y se quejó al encargado:

—Sé que mi esposa está enterrada en este cementerio, pero no encuentro su tumba.

El encargado consultó su registro y preguntó:

—¿Cómo se llama?

—Señora del mulá Nasruddin —dijo el mulá.

El encargado volvió a mirar y dijo:

—No hay ninguna señora del mulá Nasruddin, pero sí que hay un mulá Nasruddin. Lo siento, parece que ha habido un error en el registro.

—No hay ningún error —dijo Nasruddin—. ¿Dónde está la tumba del mulá Nasruddin? Porque todo está a mi nombre.

¡Incluso la tumba de su mujer!

Posesión... todos se empeñan en poseer al ser amado, al amante. Ya no hay amor. De hecho, cuando posees a una persona, odias, destruyes, matas; eres un asesino. El amor debería dar libertad; el amor *es* libertad. El amor hace al ser amado cada vez más libre, el amor da alas, el amor abre la inmensidad del cielo. No puede convertirse en una prisión, en un encierro. Pero ese amor tú no lo conoces, porque solo se da cuando estás despierto; esa calidad de amor solo aparece cuando hay conciencia. El amor que tú conoces es un pecado, porque se genera en el sueño.

> El amor hace al ser amado cada vez más libre, el amor da alas, el amor abre la inmensidad del cielo. No puede convertirse en una prisión, en un encierro. Pero esa calidad de amor solo aparece cuando hay conciencia.

Y lo mismo ocurre con todo lo que haces. Aunque intentes hacer algo bueno, haces daño. Fíjate en los reformadores visionarios: siempre hacen daño y son las personas más dañinas del mundo. Los reformadores sociales, los llamados revolucionarios, son la gente más dañina. Pero es difícil ver el mal que hacen porque son muy buenas personas, siempre están haciendo el bien a los demás... esa es su manera de crear una prisión para los otros. Si les dejas que te hagan algún bien, pasarán a poseerte. Empezarán por darte masaje en los pies, y tarde o temprano te encontrarás con que te han echado las manos al cuello. Empiezan por los pies y terminan por el cuello, porque son inconscientes; no saben lo que están haciendo. Han aprendido un truco: si quieres poseer a alguien, haz el bien. Ni siquiera son conscientes de que han aprendido ese truco. Pero hacen daño, porque cualquier cosa —cualquier cosa— que intente poseer a otra persona, sea cual sea su nombre o forma, es irreligiosa, es un pecado.

Vuestras iglesias, vuestros templos, vuestras mezquitas, todos han cometido pecados contra vosotros, porque todos se han convertido en poseedores, todos se han convertido en dominadores.

Todas las iglesias están contra la religión, porque la religión es libertad. Entonces, ¿por qué ocurre esto? Jesús pretende darte libertad, darte alas. ¿Qué es lo que ocurre entonces, cómo aparece esta iglesia? Ocurre porque Jesús vive en un plano de existencia totalmente diferente, el plano de la conciencia. Y los que le escuchan, los que le siguen, viven en el plano del sueño. Oigan lo que oigan, lo interpretan a través de sus propios sueños. Y todo lo que construyen tiene que ser un pecado. Cristo te da religión, y después una gente que está profundamente dormida lo convierte en una iglesia.

Se dice que en cierta ocasión Satanás, el demonio, estaba sentado bajo un árbol, muy triste. Pasó un santo, miró a Satanás y le dijo:

—Hemos oído decir que tú nunca descansas, que siempre estás haciendo alguna maldad en alguna parte. ¿Qué haces ahí, sentado bajo ese árbol?

Satanás estaba absolutamente deprimido.

—Parece que de mi trabajo se encargan ahora los sacerdotes, y yo no tengo nada que hacer —dijo—. Me he quedado sin trabajo. A veces me entran ganas de suicidarme, porque los sacerdotes lo están haciendo muy bien.

> Los sacerdotes lo hacen tan bien porque han convertido la libertad en encarcelamiento, han convertido la verdad en dogmas... han convertido todo lo que se origina en el plano de la conciencia al plano del sueño.

Los sacerdotes lo hacen tan bien porque han convertido la libertad en encarcelamiento, han convertido la verdad en dogmas... han convertido todo lo que se origina en el plano de la conciencia al plano del sueño.

Intenta comprender lo que es exactamente este sueño, porque si eres capaz de sentir lo que es, ya has empezado a estar alerta, ya estás en el camino de salida. ¿Qué es este sueño? ¿Cómo se produce? ¿Cuál es su mecanismo? ¿Cuál es su *modus operandi*?

La mente siempre está en el pasado o en el futuro. No puede estar en el presente, es absolutamente imposible para la mente estar en el presente. Cuando estás en el presente, la mente ya no está ahí, porque mente equivale a pensar. ¿Cómo puedes pensar en el presente? Puedes pensar en el pasado; ya se ha convertido en parte de la memoria y la mente puede trabajar con ello. Puedes pensar en el futuro; todavía no está aquí y la mente puede soñar con ello. La mente puede hacer dos cosas: puede moverse hacia el pasado, donde hay espacio de sobra para moverse, el vasto espacio del pasado, en el que puedes seguir y seguir penetrando; o puede moverse hacia el futuro, donde también hay un espacio infinito, en el que puedes imaginar y soñar sin límites. Pero ¿cómo va a funcionar la mente en el presente? En el presente no hay espacio para que la mente haga ningún movimiento.

El presente es solo una línea divisoria, nada más. Separa el pasado del futuro, no es más que una línea divisoria. Puedes *estar* en el presente, pero no puedes pensar en él; para pensar se necesita espacio. Los pensamientos necesitan espacio, son como los objetos. Recuérdalo: los pensamientos son cosas muy sutiles, pero son materiales.

Los pensamientos no son espirituales, porque la dimensión de lo espiritual solo empieza cuando no hay pensamientos. Los pensamientos son cosas materiales, muy sutiles, y todas las cosas materiales necesitan espacio.

No puedes pensar en el presente. En el instante en que empiezas a pensar, ya es pasado. Ves salir el sol y dices: «Qué bello amanecer.» Cuando lo dices ya es el pasado. Cuando el sol está saliendo

> Puedes *estar* en el presente, pero no puedes pensar; para pensar se necesita espacio. Los pensamientos necesitan espacio, son como los objetos. Recuérdalo: los pensamientos son cosas muy sutiles, pero son materiales. La dimensión de lo espiritual solo empieza cuando no hay pensamientos.

no hay espacio suficiente ni siquiera para decir «Qué bonito», porque cuando pronuncias esas dos palabras, «qué bonito», la experiencia ya se ha convertido en pasado. La mente ya lo ha archivado en la memoria. Pero en el momento *exacto* en que sale el sol, el momento exacto en que el sol aparece sobre la línea, ¿cómo puedes pensar? ¿Qué puedes pensar? Puedes *estar con* el sol que sale, pero no puedes pensar. Hay espacio suficiente *para ti*, pero no para los pensamientos.

Ves una hermosa flor en el jardín y dices: «Qué bonita rosa.» En ese momento ya no estás con la rosa; es ya un recuerdo. Cuando la flor está ahí y tú estás ahí, los dos presentes ante el otro, ¿cómo podrías pensar? ¿Qué podrías pensar? ¿Cómo va a ser posible el pensamiento? No hay espacio para él. El espacio es tan estrecho —de hecho, no hay nada de espacio— que tú y la flor no podéis ni siquiera existir como dos seres, porque no hay espacio suficiente para dos; solo puede existir uno.

Por eso, en una presencia profunda, tú eres la flor y la flor se convierte en ti. Cuando no hay pensamiento, ¿quién es la flor y quién es el observador? El observador se convierte en observado. De pronto, desaparecen las fronteras. De pronto, te encuentras con que has penetrado en la flor y la flor ha penetrado en ti. De pronto, ya no sois dos; solo existe uno.

Si empiezas a pensar, os convertís de nuevo en dos. Si no piensas, ¿dónde está la dualidad? Cuando existes con la flor, sin pensar, es un diálogo. No un duólogo, sino un diálogo.

Cuando existes con tu amante, es un diálogo, no un duólogo, porque allí no hay dos. Sentado al lado de tu amante, cogiéndole de la mano, simplemente existes. No piensas en los días ya pasados; no piensas en el futuro que vendrá. Estás aquí y ahora. Y es tan hermoso estar aquí y ahora, y tan intenso, que ningún pensamiento puede penetrar en esa intensidad.

Y la puerta es estrecha. La puerta del presente es estrecha. Por ella no pueden entrar dos juntos, solo uno. En el presente no es posible pensar, no es posible soñar, porque soñar no es sino pensar con imágenes. Las dos cosas son materiales.

Cuando estás en el presente sin pensar, eres espiritual por primera vez. Se abre una nueva dimensión, la dimensión de la conciencia. Como no has conocido esa dimensión, Heráclito dice que estás dormido, que no eres consciente. La conciencia significa estar en el momento de un modo tan total que no hay movimiento hacia el pasado ni hacia el futuro. Todo el movimiento se detiene.

Eso no significa que te quedes estático. Se inicia un nuevo movimiento, un movimiento en profundidad. Hay dos tipos de movimiento, y ese es el significado de la cruz de Jesús: muestra dos movimientos, un cruce de caminos. Uno de los movimientos es lineal: te mueves siguiendo una línea, de una cosa a otra, de un pensamiento a otro, de un sueño a otro sueño. De A pasas a B, de B a C, de C a D. De ese modo te mueves en una línea horizontal. Este es el movimiento del tiempo; es el movimiento de los que están completamente dormidos. Puedes ir como una lanzadera, adelante y atrás; la línea está ahí. Puedes ir de B a A o puedes ir de A a B; la línea está ahí.

> La conciencia significa estar en el momento de un modo tan total que no hay movimiento hacia el pasado ni hacia el futuro. Todo el movimiento se detiene.

Hay otro movimiento, que tiene lugar en una dimensión totalmente diferente. Este movimiento no es horizontal, es vertical. No vas de A a B y de B a C; vas de A a un A más profundo, de A1 a A2, A3, A4, cada vez más abajo... o más arriba.

Cuando el pensamiento cesa, comienza el nuevo movimiento. Ahora caes a las profundidades, como si cayeras en un abismo. Las personas que meditan profundamente llegan tarde o temprano a ese punto; entonces les entra miedo, porque les parece que se ha abierto un abismo sin fondo... sientes vértigo, tienes miedo. Te gustaría agarrarte al antiguo movimiento porque era algo conocido; esto se parece a la muerte.

Ese es el significado de la cruz de Jesús: es una muerte. Pasar de la horizontal a la vertical es la muerte, es la verdadera muerte. Pero solo es muerte vista desde un lado; vista por el otro lado es resurrección. Es morir para nacer; es morir en una dimensión para nacer en otra dimensión. En horizontal eres Jesús; en vertical te has convertido en Cristo.

Si te mueves de un pensamiento a otro, sigues estando en el mundo del tiempo. Si te mueves hacia dentro del momento, no del pensamiento, te mueves hacia la eternidad. No estás estático; no hay nada estático en este mundo, nada puede ser estático. Surge un nuevo movimiento, un movimiento sin motivación. Recuerda estas palabras. En la línea horizontal, te mueves por motivaciones. Tienes que alcanzar algo: dinero, prestigio, poder o a Dios, pero tienes que conseguir algo. Hay una motivación.

El movimiento motivado equivale a dormir. El movimiento sin motivación significa conciencia. Te mueves porque moverse es un puro placer, te mueves porque el movimiento es vida, te mueves porque la vida es energía y la energía es movimiento. Te mueves porque la energía es placer, y por nada más. No hay ningún objetivo, no intentas conseguir nada. De hecho, no vas a ninguna parte, no estás «yendo», estás simplemente gozando de la energía. No hay ningún objetivo fuera del movimiento mismo. El movimiento tiene su propio valor intrínseco, no tiene valor extrínseco.

> Si te mueves de un pensamiento a otro, sigues estando en el mundo del tiempo. Si te mueves hacia dentro del momento, no del pensamiento, te mueves hacia la eternidad. No estás estático; no hay nada estático en este mundo, nada puede ser estático. Surge un nuevo movimiento, un movimiento sin motivación.

Un buda también vive. Un Heráclito vive. Yo estoy aquí, viviendo, respirando... pero con un tipo diferente de movimiento, no motivado.

Hace unos días, alguien me preguntó:

—¿Por qué ayudas a la gente con la meditación?

—Es un placer para mí —le dije—. No hay un porqué. Simplemente, disfruto con ello.

Es como cuando una persona disfruta plantando semillas en el jardín, esperando que salgan las flores. Cuando tú floreces, yo gozo. Es jardinería; cuando alguien florece, es un puro placer. Y yo lo comparto. No existe ningún objetivo. Si fracasas, yo no voy a sentirme frustrado. Si no floreces, pues muy bien, porque el florecimiento no se puede forzar. No puedes abrir un capullo a la fuerza; puedes hacerlo, pero entonces lo matas. Puede parecer un florecimiento, pero no es un florecimiento.

El mundo entero se mueve, la existencia se mueve dentro de la eternidad. La mente se mueve en el tiempo. La existencia se mueve hacia las profundidades y las alturas, y la mente se mueve hacia adelante y hacia atrás. La mente se mueve horizontalmente; eso es el sueño. Si puedes moverte verticalmente, eso es la conciencia.

Vive en el momento. Incorpora todo tu ser al momento. No dejes que el pasado interfiera y no dejes que el futuro se entrometa. El pasado ya no existe, está muerto. Y, como dice Jesús, «dejad que los muertos entierren a sus muertos». El pasado ya no existe. ¿Por qué te preocupa? ¿Por qué sigues rumiándolo una y otra vez? ¿Es que estás loco? Ya no existe; solo está en tu mente, es solo un recuerdo. El futuro no existe todavía. ¿Qué haces pensando en el futuro? Si todavía no existe, ¿cómo puedes pensar en ello? ¿Qué puedes planear? Hagas lo que hagas, no va a ocurrir, y entonces te sentirás frustrado, porque la totalidad tiene su propio plan. ¿Por qué te empeñas en hacer tus propios planes en contra de los suyos?

La existencia tiene sus propios planes, es más sabia que tú. El todo tiene que ser más sabio que la parte. ¿Por qué finges ser tú el todo? El todo tiene su propio destino, su propio cumplimiento. ¿Por qué te molestas con eso? Hagas lo que hagas, será un pecado, porque te perderás el momento, este momento. Y si eso se convierte en un hábito —que se convierte—, si empiezas a perderte, se convierte en una forma habitual; y entonces, cuando el futuro llegue, te lo perderás también, porque cuando llegue ya no será un futuro, será un presente. Ayer estabas pensando en hoy, porque entonces hoy era mañana; ahora es hoy y tú estás pensando en mañana, y cuando llegue el mañana se habrá convertido en hoy, porque todo lo que existe, existe aquí y ahora; no puede existir de otro modo. Y si tienes un modo fijo de funcionar, de manera que tu mente siempre mira al mañana, ¿cuándo vives? El mañana nunca llega. Te seguirás perdiendo, y eso es pecado. Ese es el significado de la raíz hebrea de «pecar».

En el momento en que entra el futuro, entra el tiempo. Has pecado contra la existencia, te has perdido. Y esto se ha convertido en una pauta fija; como un robot, sigues estando perdido.

A mí han acudido personas de países muy lejanos. Cuando están allí, piensan en mí y se excitan mucho pensando en mí, y leen y piensan y sueñan. Cuando llegan aquí, empiezan a pensar en sus casas; ¡en el momento de llegar, ya están regresando! Empiezan a pensar en sus hijos, en sus mujeres, en sus trabajos, en esto y en aquello, en mil y una cosas. Y yo veo toda esa insensatez. Después regresarán allí y se pondrán a pensar en mí. Han faltado, y eso es pecado.

Mientras estás aquí conmigo, debes estar aquí conmigo. Totalmente aquí conmigo, para que puedas aprender un nuevo modo de movimiento, para que puedas moverte en la eternidad, no en el tiempo.

El tiempo es el mundo y la eternidad es Dios. Lo horizontal es el mundo y lo vertical es Dios. Los dos se encuentran en un punto: ahí es donde Jesús está crucificado. La horizontal y la vertical se encuentran en un punto, y ese punto es aquí y ahora. Desde aquí y ahora puedes emprender dos viajes: un viaje por el mundo, hacia el futuro, y otro viaje hacia Dios, hacia las profundidades.

Vuélvete cada vez más consciente, vuélvete cada vez más alerta y sensible al presente.

¿Qué vas a hacer? ¿Cómo puede hacerse posible? Porque estás tan dormido que también puedes convertir eso en un sueño. Puedes convertirlo en un objeto de pensamiento, en un proceso de pensamiento. La cuestión puede ponerte tan tenso que solo por eso ya no puedes estar en el presente. Si piensas demasiado en cómo estar en el presente, tanto pensar no te ayudará. Si sientes demasiada culpa... si a veces te mueves hacia el pasado... irás al pasado. Es una rutina que ha durado mucho tiempo. Y a veces empezarás a pensar en el futuro... e inmediatamente te sentirás culpable de haber cometido otro pecado.

No te sientas culpable. Comprende el pecado, pero no te sientas culpable. Esto es muy, muy delicado. Si te sientes culpable, te lo has perdido todo. La vieja pauta comienza otra vez de un modo nuevo. Ahora te sientes culpable porque te has perdido el presente. Ahora estás pensando en el pasado, porque ese presente ya no es presente; es pasado, y tú te sientes culpable por ello. Sigues estando perdido.

Así pues, recuerda una cosa: cada vez que te des cuenta de que te has ido al pasado o al futuro, no te crees problemas por ello. Simplemente, vuelve al presente, sin crearte problemas. ¡No pasa nada! Simplemente, recupera tu conciencia. La perderás millones de veces; no te va a salir ahora mismo, inmediatamente. Puede suceder, pero no puede suceder por tu causa. Es un modo de conducta fijo desde hace tanto, tantísimo tiempo, que no lo puedes cambiar de buenas a primeras. Pero no te preocupes, la existencia no tiene ninguna prisa. La eternidad puede esperar eternamente. No crees tensiones por ello.

Cada vez que sientas que te has perdido, vuelve; eso es todo. No te sientas culpable; eso es un truco de la mente, que está otra vez jugando a sus juegos. No te arrepientas: «¡He vuelto a olvidarme!» Simplemente, cuando pienses, vuelve a lo que estuvieras haciendo. Si estás tomando un baño, vuelve; si estás comiendo la comida, vuelve; si estás dando un paseo, vuelve. En el momento en que sientas que no estás aquí y ahora, vuelve... simplemente, inocentemente. No crees culpa. Si te sientes culpable, no has entendido nada.

Hay pecado, pero no hay culpa... pero eso es difícil para ti. Si sientes que algo está mal, te sientes inmediatamente culpable. La mente es muy astuta. Si te sientes culpable, el juego ha empezado de nuevo... en un nuevo campo, pero el juego es muy antiguo. La gente acude a mí y dice: «Nos seguimos olvidando.» Se ponen muy tristes cuando dicen: «Nos seguimos olvidando. Lo intentamos, pero solo nos acordamos durante unos segundos. Nos mantenemos alerta, recordándonos, pero enseguida nos perdemos. ¿Qué hacer?» ¡No se puede hacer nada! No es cuestión de hacer. ¿Qué podrías hacer? Lo único que se puede hacer es no crear culpa. Simplemente, vuelve.

Por muchas veces que tengas que volver... simplemente, recuerda. No con la cara muy seria, no con mucho esfuerzo... simplemente, inocentemente, sin crear un problema por ello. Porque la eternidad no tiene problemas; todos los problemas existen en el plano horizontal; este problema también existe en el plano horizontal. El plano vertical no conoce problemas. Es puro gozo, sin nada de ansiedad, sin nada de angustia, sin ninguna preocupación, sin ninguna culpa, sin nada. Sé simple y vuelve.

Te perderás muchas veces, dalo por seguro. Pero no te preocupes por ello. Así son las cosas. Te perderás muchas veces, pero eso no importa. No prestes atención al hecho de que te hayas perdido muchas veces, presta mucha atención al hecho de que te has reincorporado muchas veces. Recuerda esto: no hay que darle importancia al hecho de haberse perdido muchas veces, lo que importa es que te has vuelto a acordar muchas veces. Siéntete feliz por ello. Que te pierdas es algo natural. Eres humano, has vivido en el plano horizontal durante muchísimas vidas, así que es natural. Lo estupendo es que has regresado muchas veces. Has hecho lo imposible; siéntete feliz por ello.

En veinticuatro horas te perderás veinticuatro mil veces, pero te reincorporarás otras veinticuatro mil veces. Y ahora empieza a funcionar un nuevo modo. Has regresado un montón de veces; ahora se empieza a abrir una nueva dimensión, poco a poco. Cada vez serás más capaz de mantenerte consciente, cada vez serán menos las idas y venidas. El recorrido de ida y vuelta se irá acortando cada vez más. Cada vez te olvidarás menos, cada vez te acordarás más; estás entrando en la vertical. De pronto, un día, la horizontal desaparece. La conciencia gana intensidad y la horizontal desaparece.

A esto es a lo que se refieren Shankara, el Vedanta y los hindúes al decir que este mundo es ilusorio. Porque cuando la conciencia se hace perfecta, este mundo, este mundo que has creado a partir de tu mente, simplemente desaparece. Y otro mundo se te revela. El *Maya* desaparece, la ilusión desaparece... la ilusión está ahí a causa de tu sueño, de tu inconsciencia.

Es como un sueño. Por la noche te mueves en sueños, y cuando el sueño está ahí, es muy real. ¿Alguna vez has pensado en sueños «esto no es posible»? En los sueños ocurre lo imposible, pero a ti no se te ocurre dudar de ello. En los sueños tienes esa clase de fe; en los sueños nadie es escéptico, ni siquiera un Bertrand Russell. No, en un sueño todo el mundo es como un niño, que se cree todo lo que ocurre. En un sueño ves a tu mujer acercarse... y de pronto se convierte en un caballo. Ni se te ocurre pensar: «¿Cómo puede ser posible esto?»

El sueño es confianza, es fe. En un sueño no se puede dudar. En cuanto empiezas a dudar en un sueño, se rompen las reglas. En cuanto dudas, el sueño empieza a desaparecer. Si puedes recordar, aunque sea una sola vez, que esto es un sueño, eso provoca un choque y el sueño se hace pedazos y tú te despiertas.

> Este mundo que ves a tu alrededor no es el mundo real. No es que no exista: sí que existe, pero lo estás viendo a través de un velo de sueño. Entre tú y él está la inconsciencia; lo miras y lo interpretas a tu manera.

Este mundo que ves a tu alrededor no es el mundo real. No es que no exista: sí que existe, pero lo estás viendo a través de un velo de sueño. Entre tú y él está la inconsciencia; lo miras, lo interpretas a tu manera, eres como un borracho.

Ocurrió que el mulá Nasruddin llegó corriendo. Estaba completamente borracho y el ascensorista estaba a punto de cerrar la puerta, pero él consiguió colarse. El ascensor estaba repleto. Todos se dieron cuenta de que Nasruddin estaba muy borracho. Le olía el aliento. Él intentó disimular, mirando hacia la puerta, pero no veía nada; también sus ojos estaban borrachos y adormilados. Intentó mantenerse en pie, pero tampoco le era posible. Y entonces se sintió muy avergonzado, porque todos le estaban mirando y todos pensaban que estaba completamente borracho. Lo notaba. Sin saber qué hacer, dijo de pronto: «Se preguntarán ustedes por qué he convocado esta reunión.»

Por la mañana estará bien. Se reirá, como os estáis riendo vosotros...

Todos los budas han reído al despertar. Su risa es como el rugido de un león. No se ríen de ti, se ríen de todo el chiste cósmico. Habían vivido en un sueño, dormidos, completamente intoxicados por el deseo, y contemplaban la existencia a través del deseo. Y por eso, aquella no era la verdadera existencia; proyectaban su propio sueño en ella.

Te tomas toda la existencia como una pantalla, y después proyectas tu propia mente en ella. Ves cosas que no están ahí, y no ves cosas que sí están. Y la mente tiene explicaciones para todo. Si planteas una duda, la mente explica. Crea teorías, filosofías, sistemas, con el único propósito de sentirse cómoda, de sentir que nada va mal. Todas las filosofías existen para hacer cómoda la vida, para que todo parezca ir bien y nada vaya mal... pero todo va mal cuando estás dormido.

Un hombre acudió a mí. Estaba preocupado; es el padre de una hija preciosa. Estaba muy preocupado y me dijo:

—Todas las mañanas se siente un poco mareada, pero he consultado a todos los médicos y dicen que no tiene nada. ¿Qué puedo hacer?

—Ve al mulá Nasruddin —le dije—. Él es el sabio de esta región y lo sabe todo, porque nunca le he oído decir: «No lo sé.» Ve a él.

Así lo hizo. Yo le seguí para ver qué decía Nasruddin. Nasruddin cerró los ojos, examinó el problema, volvió a abrir los ojos y preguntó:

—¿Le das leche por las noches, antes de acostarla?

El hombre dijo que sí, y Nasruddin dijo:

—Ya he resuelto el problema. Si le das leche a un niño, el niño da vueltas en la cama toda la noche, de derecha a izquierda, de izquierda a derecha, y de tanto batirla, la leche se convierte en cuajada. Después, la cuajada se transforma en queso, y el queso se transforma en mantequilla, la mantequilla se transforma en grasa y la grasa se transforma en azúcar, y por fin el azúcar se transforma en alcohol... y naturalmente, por la mañana tiene resaca.

Esto es lo que son todas las filosofías: explicaciones de cosas, explicaciones de cosas que no se pueden explicar, fingiendo saber algo que no se sabe. Pero hacen la vida cómoda. Puedes dormir mejor, son como tranquilizantes.

Recuerda: esta es la diferencia entre religiosidad y filosofía. La filosofía es un tranquilizante, la religiosidad es un choque; la filosofía te ayuda a dormir bien, la religiosidad te saca del sueño. La religiosidad no es una filosofía, es una técnica para sacarte de tu inconsciencia. Y todas las filosofías son técnicas para ayudarte a dormir bien; te dan sueños, utopías.

La religiosidad te quita todos los sueños, todas las utopías. La religiosidad te proporciona la verdad, y la verdad solo es posible cuando no estás soñando. Una mente que sueña no puede ver lo verdadero. Una mente que sueña convertirá también la verdad en un sueño.

¿Te has fijado? Pones el despertador; quieres levantarte a las cuatro de la mañana, porque tienes que coger un tren. Por la mañana suena el despertador y tu mente crea un sueño: estás sentado en un templo y las campanas del templo están tocando. Entonces todo queda explicado. El despertador ya no es un problema, ya no puede despertarte. Al explicarlo, te has librado de él. ¡Inmediatamente!

La mente es sutil. Y ahora los psicoanalistas están muy intrigados por cómo sucede esto, cómo la mente crea explicaciones inmediatamente, tan inmediatamente. ¡Con lo difícil que es! La mente debe proyectarlo de antemano. ¿Cómo es que de pronto te encuentras en una iglesia o en un templo donde suenan las campanas? Suena el despertador y al instante tienes una explicación dentro del sueño. Estás intentando librarte del despertador. No quieres levantarte, no quieres levantarte en una noche de invierno tan fría. La mente dice: «Esto no es el despertador, es un templo que estás visitando.» Todo queda explicado y tú sigues durmiendo.

Esto es lo que hacen siempre las filosofías, y por eso existen tantas filosofías, porque cada uno necesita una explicación diferente. La explicación que ayuda a dormirse a otra persona no te ayudará a ti. Y eso es lo que Heráclito dice en este pasaje.

Procura entenderlo. Esto es lo que dice:

> *Los hombres son tan olvidadizos y descuidados*
> *de lo que ocurre a su alrededor*
> *en sus momentos de vigilia*
> *como cuando están dormidos.*

Cuando estás dormido no eres consciente de lo que ocurre a tu alrededor, pero en tus horas de vigilia, ¿eres consciente de lo que ocurre a tu alrededor?

Se ha investigado mucho sobre esto. El noventa y ocho por ciento de los mensajes que te llegan, tu mente no los deja entrar. ¡El noventa y ocho por ciento! Solo se permite la entrada a un dos por ciento, y ese dos por ciento también es interpretado por la mente. Yo digo una cosa y tú oyes otra. Digo algo diferente, y tú lo interpretas de manera que no perturbe tu sueño. Tu mente te da inmediatamente una interpretación. Encuentras en tu mente un lugar donde encajarlo, y la mente lo absorbe; se convierte en parte de la mente. Por eso te pierdes a los Budas, Cristos, Heráclitos y demás. Ellos te siguen hablando; te siguen diciendo que han encontrado algo, que han experimentado algo, pero cuando te lo dicen tú lo interpretas inmediatamente. Tienes tus propios trucos.

A Aristóteles le perturbaba mucho Heráclito. Llegó a la conclusión de que aquel hombre tenía que tener algún defecto de personalidad. ¡Asunto concluido! Lo has descalificado porque no está de acuerdo contigo, porque te perturbaba. Heráclito debía de darle muchos quebraderos de cabeza a Aristóteles, porque Aristóteles se mueve en la línea horizontal, es el maestro de ese movimiento, y este tal Heráclito está intentando empujarle al abismo. Aristóteles se mueve en el terreno llano de la lógica, y este Heráclito está tratando de empujarle al interior del misterio. Es necesaria alguna explicación. Así que Aristóteles dice: «Este hombre tiene algún defecto: biológico, fisiológico, "de personalidad", pero algún defecto. De lo contrario, ¿por qué tanto insistir en la paradoja? ¿Por qué tanto insistir en el misterio? ¿Por qué tanto insistir en que existe una armonía entre los contrarios? Los contrarios son contrarios; no hay armonía. La vida es la vida y la muerte es la muerte, hay que decir las cosas claras, no confundirlas. Este hombre parece un liante.»

> Aristóteles se ha hecho el amo de todas las universidades y todos los colegios del mundo entero. Ahora en todas partes te enseñan lógica, no misterio.

Lao Tzu era igual. Lao Tzu decía: «Todos parecen ser sabios, menos yo. Todos parecen muy listos, menos yo. Yo soy tonto.» Lao Tzu es una de las personas más grandes y más sabias que han existido, pero entre vosotros se siente tonto. Lao Tzu dice: «Todos parecen pensar con tanta claridad, y yo estoy todo confuso.» Lo que Aristóteles dice de Heráclito, Lao Tzu lo dice de sí mismo.

Lao Tzu dice: «Cuando alguien escucha mis enseñanzas sin la mente, se ilumina. Si alguien escucha mis enseñanzas a través de la mente, lo único que encuentra son sus propias explicaciones, que no tienen nada que ver conmigo. Y cuando alguien escucha sin escuchar —hay personas que escuchan sin escuchar—, cuando alguien escucha como si estuviera escuchando pero sin escuchar, se ríe de mis tonterías.» Y el tercer tipo de mente es la mayoría. Dice Lao Tzu: «Si la mayoría no se ríe de ti, ten cuidado, porque puedes estar diciendo algo equivocado. Si la mayoría se ríe, entonces es que estás diciendo algo que es verdad. Cuando la mayoría piensa que eres tonto, existe alguna posibilidad de que seas un sabio; de lo contrario, no hay ninguna posibilidad.»

Heráclito le parece confuso a Aristóteles. También a ti te lo parecerá, porque Aristóteles se ha hecho el amo de todas las universidades y todos los colegios del mundo entero. Ahora en todas partes te enseñan lógica, no misterio. En todas partes se te enseña a ser racional, no místico. A todos se les adiestra para que hagan definiciones claras. Si quieres definiciones claras, tienes que moverte en la horizontal. Allí, A es A, B es B, y A nunca es B. Pero en el misterioso abismo de la vertical, las fronteras se borran y se funden unas con otras. El hombre es mujer, la mujer es hombre; lo bueno es malo, lo malo es bueno; la oscuridad es la luz, la luz es la oscuridad; la vida es muerte, la muerte es vida. Todas las fronteras se borran y funden.

Por eso Dios es un misterio, no un silogismo. Los que aportan pruebas de la existencia de Dios están haciendo algo imposible. No se pueden presentar pruebas de Dios. Las pruebas existen en la horizontal.

Ese es el significado de la confianza: caes al abismo, experimentas el abismo, desapareces en él... y sabes. Solo llegas a saber cuando la mente no está, nunca antes.

> *Tontos, aunque oyen*
> *son como los sordos.*
> *A ellos se les aplica el adagio*
> *de que cuando están presentes*
> *están ausentes.*

Cuando estás presente en algún sitio, ese es exactamente el sitio del que estás ausente. Puedes estar en alguna otra parte, pero no ahí donde estás. Dondequiera que estés, ahí no estás.

Se dice en las antiguas escrituras tibetanas que Dios acude muchas veces a ti, pero que nunca te encuentra allí donde estás. Llama a tu puerta, pero el habitante no está; siempre está en algún otro sitio. ¿Estás en tu casa, en tu hogar, o en alguna otra parte? ¿Cómo te va a encontrar Dios? No necesitas ir tú a él, solo hace falta que estés en casa y él te encontrará. Te está buscando del mismo modo que tú lo buscas a él. Basta con que estés en casa, para que cuando él llegue te encuentre. Ha venido y ha llamado millones de veces, ha esperado a tu puerta, pero tú nunca estás.

Dice Heráclito:

Tontos, aunque oyen
son como los sordos.
A ellos se les aplica el adagio
de que cuando están presentes
están ausentes.

Eso es estar dormido: estar ausente, no estar presente en el momento presente, estar en alguna otra parte.

Sucedió que el mulá Nasruddin estaba sentado en un café, hablando de lo generoso que era. Y cuando hablaba exageraba mucho, como hace todo el mundo, porque se olvida de lo que está diciendo. Entonces alguien le preguntó:

—Nasruddin, si eres tan generoso, ¿por qué nunca nos invitas a tu casa? No nos has invitado a comer ni una sola vez. ¿Qué dices a eso?

Nasruddin estaba tan excitado que se olvidó por completo de su esposa y dijo:

—Venid ahora mismo.

A medida que se acercaba a la casa, se le iba pasando la borrachera. Entonces se acordó de su mujer y se asustó. ¡Treinta invitados! A la puerta de la casa, dijo:

—Esperad. Ya sabéis que tengo esposa. También vosotros tenéis esposas y sabéis cómo es esto. Así que esperad. Dejad que entre primero y la convenza, y luego os llamo.

Entró y desapareció. Los invitados esperaron y esperaron y siguieron esperando, y él no aparecía, así que llamaron a la puerta. Nasruddin le había contado a su mujer exactamente lo que había ocurrido: que había hablado demasiado de generosidad y le habían pillado. Su mujer dijo:

—Pero no tengo comida para treinta personas y no hay nada que hacer a esta hora de la noche.

—Haz una cosa —le dijo Nasruddin—. Cuando llamen, ve a la puerta y diles simplemente que Nasruddin no está en casa.

De modo que cuando llamaron, la mujer abrió y dijo:

—Nasruddin no está en casa.

—No puede ser —dijeron ellos—, porque hemos venido con él, ha entrado y no le hemos visto salir, y aquí estamos los treinta, esperando a la puerta. Tiene que estar. Entra y búscalo. Tiene que estar escondido en alguna parte.

La mujer entró y preguntó:

—¿Qué hacemos?

Nasruddin se excitó mucho y le dijo: «¡Espera!» Salió a la calle y les dijo a los invitados:

—¿Cómo que no? ¡Puede haberse marchado por la puerta de atrás!

Esto es posible, esto te está ocurriendo a ti todos los días. Se olvidó por completo de sí mismo. Eso es lo que le ocurrió: con tanta lógica se olvidó de sí mismo. La lógica es correcta, el argumento es correcto, pero... «¿Cómo que no? Vosotros estáis esperando en la puerta delantera; él ha podido salir por la puerta de atrás.» La lógica es correcta, pero Nasruddin se ha olvidado por completo de que es él mismo quien lo está diciendo.

> Los ojos no son más que ventanas; no pueden ver a menos que *tú* veas por medio de ellos. ¿Cómo va a ver una ventana? Tienes que ponerte tú en la ventana, y solo entonces puedes ver.

Tú no estás presente. No estás en el presente ni para el mundo ni para ti mismo. Esto es estar dormido. ¿Cómo puedes oír así? ¿Cómo puedes ver así? ¿Cómo puedes sentir así? Si no estás presente aquí y ahora, todas las puertas están cerradas. Eres una persona muerta, no estás vivo. Por eso Jesús repite una y otra vez a los que le oyen y escuchan: «El que tenga oídos, que me oiga; el que tenga ojos, que me vea.»

Heráclito debió de encontrar mucha gente que escuchaba pero

no oía, que miraba pero no podía ver porque sus casas estaban completamente vacías. El dueño de la casa no está. Los ojos miran, los oídos oyen, pero el dueño de la casa no está presente dentro. Los ojos no son más que ventanas; no pueden ver a menos que *tú* veas por medio de ellos. ¿Cómo va a ver una ventana? Tienes que ponerte tú en la ventana, y solo entonces puedes ver. ¿Cómo? Es solo una ventana, no puede sentir. Si tú estás ahí, entonces la cosa es completamente diferente.

> El control es un mal sucedáneo de la conciencia, un sustituto muy malo; no sirve de mucha ayuda. Si estás consciente, no necesitas controlar la ira; estando consciente, la ira nunca surge. No pueden existir al mismo tiempo.

El cuerpo entero es como una casa y la mente está de viaje; el dueño está siempre de viaje por alguna otra parte, y la casa está siempre vacía. Y la vida llama a tu puerta... puedes llamarlo Dios o como prefieras llamarlo, el nombre no importa; llámalo existencia... llama a la puerta, está llamando continuamente, pero no te encuentra en casa. Eso es estar dormido.

Uno no debería actuar ni hablar como si estuviera dormido.

Actúa, habla, con plena conciencia, y descubrirás un tremendo cambio en ti. El hecho mismo de que estés consciente cambia tus actos. Entonces no puedes cometer pecados. No es que tengas que controlarte, no. El control es un mal sucedáneo de la conciencia, un sustituto muy malo; no sirve de mucha ayuda. Si estás consciente, no necesitas controlar la ira; estando consciente, la ira nunca surge. No pueden existir al mismo tiempo, no hay coexistencia para las dos cosas. Estando consciente, nunca surgen los celos. Estando consciente, muchas cosas simplemente desaparecen: todas las cosas que son negativas.

Es como una luz. Cuando hay luz en tu casa, ¿cómo puede existir en ella la oscuridad? La oscuridad simplemente escapa. Cuando tu casa está iluminada, ¿cómo puedes tropezar? ¿Cómo puedes chocar con la pared? La luz está encendida, y tú sabes dónde está la puerta; simplemente vas a la puerta y entras o sales. Cuando está oscuro, tropiezas, andas a tientas, te caes. Cuando estás inconsciente andas a tientas, tropiezas, caes. La ira no es sino tropezar; los celos no son más que andar a tientas en la oscuridad. Todo lo que está mal no está mal por sí mismo, sino porque tú vives en la oscuridad.

Si Jesús quiere enfurecerse, puede hacerlo; lo puede utilizar. Tú no puedes utilizarlo, tú eres utilizado por la ira. Si Jesús siente que será bueno y servirá de ayuda, puede utilizar cualquier cosa. Es un maestro. Jesús puede estar furioso sin estar furioso. Mucha gente trabajó con Gurdjieff, y era un hombre terrible. Cuando se enfurecía, se ponía terriblemente furioso, parecía un asesino. Pero aquello no era más que un juego, solo era una situación para ayudar a alguien. E inmediatamente, sin un solo instante de intervalo, miraba a otra persona y estaba sonriendo. Y volvía a mirar a la misma persona con la que se había mostrado irritado, y otra vez tenía un aspecto furioso y terrible.

> Los actos no significan nada. Los actos no importan. Lo que importa eres tú, tu conciencia, el que estés consciente. Lo que hagas no tiene importancia.

Es posible. Cuando estás consciente puedes utilizar cualquier cosa. Hasta el veneno se convierte en elixir cuando estás despierto. Y cuando estás dormido, hasta el elixir se convierte en veneno, porque todo depende de si estás alerta o no. Los actos no significan nada. Los actos no importan. Lo que importa eres tú, tu conciencia, el que estés consciente. Lo que hagas no tiene importancia.

Ocurrió lo siguiente:

Había un gran maestro, un maestro budista llamado Nagarjuna. Un ladrón acudió a él. El ladrón había quedado prendado del maestro porque nunca había visto una persona tan bella, con tan infinita gracia. Le preguntó a Nagarjuna:

—¿Existe alguna posibilidad de que yo también crezca? Pero tiene que quedarte clara una cosa: soy un ladrón. Y otra cosa: no puedo dejarlo, así que por favor no me pongas esa condición. Haré cualquier cosa que digas, pero no puedo dejar de ser ladrón. Lo he intentado muchas veces, pero nunca da resultado, así que he renunciado a ello. He aceptado mi destino, que siempre seré un ladrón y seguiré siéndolo, así que no me hables de eso. Que quede claro desde el principio.

Nagarjuna dijo:

—¿Por qué tienes miedo? ¿Quién te va a hablar de que eres un ladrón?

—Es que cada vez que acudo a un monje, a un sacerdote o a un santo religioso, siempre me dicen: «Lo primero es que dejes de robar» —dijo el ladrón.

Nagarjuna se echó a reír y dijo:

—Entonces debes de haber acudido a ladrones. Si no, ¿por qué habría de importarles? A mí no me importa.

El ladrón se puso muy contento y dijo:

—Pues entonces, de acuerdo. Parece que ahora podré ser discípulo. Eres el maestro adecuado.

Nagarjuna le aceptó y dijo:

—Ahora puedes irte y hacer lo que quieras. Solo tienes que cumplir una condición: sé consciente. Ve y asalta casas, entra y coge cosas, roba. Haz lo que te parezca, a mí no me importa porque yo no soy ladrón. Pero hazlo con plena conciencia.

El ladrón no se daba cuenta de que estaba cayendo en la trampa y dijo:

—Entonces, todo está muy bien. Lo intentaré.

Al cabo de tres semanas, regresó y dijo:

—Eres un tramposo. Porque si me hago consciente, no puedo robar. Si robo, la consciencia desaparece. Estoy en un buen lío.

Nagarjuna le dijo:

—Ya basta de hablar de robar y de que eres ladrón. A mí eso no me importa, yo no soy ladrón. Ahora decide tú. Si quieres conciencia, tú decides. Si no la quieres, también decides tú.

—Pero es que ahora es difícil —dijo el hombre—. Lo he probado un poquito, y es tan hermoso... Lo dejaré todo, haré lo que tú digas. —Y siguió diciendo—: La otra noche, por primera vez, conseguí entrar en el palacio del rey. Abrí el tesoro. Podría haberme convertido en el hombre más rico del mundo, pero tú me ibas siguiendo y tuve que ser consciente. Cuando me hice consciente, perdí de pronto toda motivación, todo deseo. Cuando me hice consciente, los diamantes me parecían simples piedras, piedras vulgares. Cuando perdí la conciencia, el tesoro estaba allí. Esperé y lo volví a hacer muchas veces. Me volvía consciente y era como un buda, y no podía ni tocar el tesoro porque todo el asunto me parecía una tontería, una estupidez... simples piedras. ¿Qué estoy haciendo? ¿Perderme por unas piedras? Pero entonces perdía la conciencia y volvían a parecerme preciosas, toda la ilusión volvía. Pero al final decidí que no valían la pena.

Cuando has conocido la conciencia, nada compensa perderla. Has conocido la mayor bendición de la vida. De pronto, muchas cosas simplemente desaparecen; se convierten en estupideces, se convierten en tonterías. La motivación ha desaparecido, el deseo ha desaparecido, los sueños han cesado.

Uno no debería actuar ni hablar
como si estuviera dormido.

Esa es la única clave.

Los despiertos tienen un mundo en común;
los dormidos tienen un mundo privado cada uno.

Los sueños son privados, absolutamente privados. Nadie puede entrar en tus sueños. No puedes compartir un sueño con tu amado. Marido y mujer duermen en una misma cama, pero sueñan por separado. Es imposible compartir un sueño, porque no es nada.

¿Cómo puedes compartir una nada? Es como una burbuja, es absolutamente no existencial; no puedes compartirlo, tienes que soñar solo.

Por eso, a causa de los durmientes, de los numerosísimos durmientes, existen tantos mundos. Tú tienes tu mundo propio; si estás dormido, vives encerrado en tus popios pensamientos, conceptos, sueños, deseos. Cuando te encuentras con otra persona, dos mundos chocan. Mundos en colisión... esa es la situación. ¡Vigila!

Mira cómo conversan un marido y su mujer. No están conversando en absoluto. El marido está pensando en su oficina, en su salario; la mujer está pensando en sus vestidos para Navidad. Por dentro tienen sus propios mundos privados, pero sus mundos privados se encuentran —más bien chocan— en alguna parte, porque los vestidos de la mujer dependen del salario del marido, y el salario del marido tiene que financiar los vestidos de la mujer. La mujer dice «cariño», pero detrás de la palabra *cariño* hay vestidos; es en lo que está pensando. Ese «cariño» no significa lo que está escrito en el diccionario, porque cada vez que esta mujer dice «cariño» es solo una fachada, y el marido se asusta inmediatamente. No da muestras de ello, por supuesto, porque cuando alguien dice «cariño» uno no se muestra asustado. Dice: «¿Qué, querida?», pero está asustado porque está pensando en su sueldo y sabe que la Navidad se acerca y que hay peligro.

> Si estás dormido, vives encerrado en tus propios pensamientos, conceptos, sueños, deseos. Cuando te encuentras con otra persona, dos mundos chocan. Mundos en colisión... esa es la situación.

La mujer del mulá Nasruddin le decía:

—¿Qué ha ocurrido? Últimamente lloro y sollozo y me caen lágrimas por la cara, y tú ni siquiera preguntas: «¿por qué lloras?».

—¡Ya basta! —dijo Nasruddin—. Preguntar cuesta demasiado caro. Y en el pasado he cometido ese error demasiadas veces, porque esas lágrimas no son simples lágrimas. Son vestidos, una casa nueva, muebles nuevos, coche nuevo. Hay muchas cosas ocultas tras esas lágrimas. Esas lágrimas son solo el comienzo.

No hay diálogo posible porque dentro hay dos mundos privados. Solo es posible el conflicto.

Los sueños son privados, la verdad no es privada. La verdad no puede ser privada; la verdad no puede ser ni mía ni tuya, la verdad no puede ser cristiana o hindú, la verdad no puede ser india o griega. La verdad no puede ser privada. Los sueños son privados. Recordad que cualquier cosa que sea privada tiene que pertenecer al mundo de los sueños. La verdad es un cielo abierto; es para todos, es una sola.

Por eso, cuando Lao Tzu habla, el idioma puede ser diferente; cuando habla Buda, el idioma es diferente; cuando habla Heráclito, el idioma es diferente... pero todos dicen lo mismo, todos están indicando lo mismo. No viven en mundos privados. El mundo privado ha desaparecido con sus sueños y sus deseos... con la mente. La mente tiene un mundo privado, pero la conciencia no tiene mundos privados. Los despiertos tienen un mundo

> Los sueños son privados. Recordad que cualquier cosa que sea privada tiene que pertenecer al mundo de los sueños. La verdad es un cielo abierto; es para todos, es una sola.

en común... Todos los que están despiertos tienen un mundo en común, que es la existencia. Y todos los que están dormidos y soñando tienen sus propios mundos.

Tienes que renunciar a tu mundo; es la única renuncia que te pido. No te digo que dejes a tu mujer, no te digo que dejes tu trabajo, no te digo que renuncies a tu dinero ni a ninguna de tus cosas, no. Simplemente te digo que abandones tu mundo de sueños privados. Eso es para mí el *sannyas*. El antiguo *sannyas* consistía en abandonar este mundo, el visible. Uno se iba al Himalaya, dejando a su mujer e hijos... pero no se trata de eso. No es ese el mundo que hay que abandonar. ¿Cómo podrías abandonarlo? Incluso el Himalaya pertenece a este mundo. El mundo real al que hay que renunciar es la mente, el mundo de sueños privado. Si renuncias a él, aunque estés sentado en el mercado estarás en el Himalaya. Si no renuncias a él, incluso en el Himalaya crearás un mundo privado a tu alrededor.

¿Cómo puedes escapar de ti mismo? Vayas donde vayas, estarás contigo. Vayas donde vayas, te comportarás de la misma manera. Las situaciones podrán ser diferentes, pero ¿cómo vas a poder ser diferente tú? Seguirás dormido en el Himalaya. ¿Qué diferencia hay entre dormir en Pune o en Boston, entre dormir en Londres o en el Himalaya? Estés donde estés, estarás soñando. ¡Deja de soñar! Ponte más alerta. De pronto, los sueños desaparecen, y con los sueños desaparecen todos los sufrimientos.

Lo que vemos cuando estamos despiertos es la muerte; cuando estamos dormidos, sueños.

Esto es verdaderamente bello. Cuando estás dormido ves sueños, ilusiones, espejismos... tus propias creaciones, tu propio mundo privado. Cuando estás despierto, ¿qué ves? Dice Heráclito que «cuando estás despierto ves muerte a todo tu alrededor».

Es posible que sea por eso por lo que no quieres ver. Puede que sea por eso por lo que sueñas y creas una nube de sueños a tu alrededor, para no tener que afrontar el hecho de la muerte. Pero recuerda: un hombre se vuelve religioso solo cuando se enfrenta a la muerte, no antes.

Cuando te encuentras con la muerte, cuando la ves cara a cara, cuando no la evitas, cuando no la esquivas, cuando no huyes, cuando no creas una nube a tu alrededor... cuando te encuentras y haces frente al hecho de la muerte... de pronto te haces consciente de que la muerte es vida. Cuanto más profundices en la muerte, más te adentrarás en la vida, porque, como dice Heráclito, los contrarios se tocan y se mezclan; son una sola cosa.

Si estás intentando escapar de la muerte, recuerda que también estás escapando de la vida. Por eso pareces tan muerto. Esta es la paradoja: huye de la muerte y seguirás muerto; afróntala, enfréntate a ella y cobrarás vida. En el momento en que hagas frente a la muerte tan a fondo, tan intensamente que empieces a sentir que estás muriendo —cuando sientes y tocas la muerte no solo a tu alrededor, sino también por dentro—, llega la crisis. Esta es la cruz de Jesús, la crisis de la muerte. En ese momento, mueres para un mundo —el mundo de la horizontal, el mundo de la mente— y resucitas en otro mundo.

La resurrección de Jesús no es un fenómeno físico. Los cristianos han creado innecesariamente un montón de hipótesis acerca de ella. No es una resurrección de este cuerpo, es una resurrección en otra dimensión de este cuerpo; es una resurrección en otra dimensión de otro cuerpo que nunca muere. Este cuerpo es temporal, el otro cuerpo es eterno. Jesús resucita en otro mundo, el mundo de la verdad. El mundo privado ha desaparecido.

En el último momento, Jesús dice que está preocupado, angustiado. Incluso un hombre como Jesús está preocupado al morir; así tiene que ser. Llora y le dice a Dios: «¿Qué me estás haciendo?» Le gustaría aferrarse a la horizontal, le gustaría agarrarse a la vida... incluso un hombre como Jesús.

Así que no te sientas culpable si te pasa. A ti también te gustaría aferrarte. Este es el lado humano de Jesús, que es más humano que Buda o Mahavira. Este es el Jesús humano: el hombre se encuentra cara a cara con la muerte y está asustado, y llora, pero no retrocede, no cae. Inmediatamente se hace consciente de lo que está preguntando, y entonces dice: «¡Hágase tu voluntad!», se relaja, se deja llevar. Al instante, la rueda gira: Jesús ya no está en la horizontal; ha penetrado en la vertical, en la profundidad. Y así resucita para la eternidad.

Muere para el tiempo y resucitarás en la eternidad. Muere para la mente y vivirás en la conciencia. Muere para el pensamiento y nacerás en la conciencia.

Dice Heráclito: «Lo que vemos cuando estamos despiertos es la muerte...» Por eso vivimos dormidos, en sueños, con tranquilizantes, narcóticos, intoxicantes... para no afrontar el hecho. Pero es un hecho que hay que afrontar. Si le haces frente, el hecho se convierte en la verdad; si huyes de él, vives en la mentira. Si afrontas el hecho, se convierte en la puerta de la verdad. El hecho es la muerte; eso hay que afrontarlo. Y la verdad será la vida, la vida eterna, vida en abundancia, vida que nunca termina.

Conciencia y centrado

LO PRIMERO que debes comprender es qué significa la conciencia. Vas andando. Eres consciente de muchas cosas: de las tiendas, de la gente que pasa a tu lado, del tráfico, de todo. Eres consciente de muchas cosas, solo eres inconsciente de una cosa... y esa cosa eres tú. Vas andando por la calle, eres consciente de muchas cosas, ¡y solo no eres consciente de ti mismo! A esta conciencia de uno mismo, Gurdjieff la llama «recordarse a uno mismo». Dice Gurdjieff: «Constantemente, estés donde estés, recuérdate a ti mismo.»

Hagas lo que hagas, por dentro debes seguir haciendo una cosa continuamente: ser consciente de que tú lo estás haciendo. Si estás comiendo, sé consciente de ti mismo. Si estás andando, sé consciente de ti mismo. Si estás escuchando, si estás hablando, sé consciente de ti mismo. Cuando estés irritado, sé consciente de que estás irritado. En el momento mismo en que aparezca la ira, sé consciente de que estás irritado. Este constante acordarse de uno mismo crea en ti una sutil energía, una energía muy sutil. Empiezas a ser un ser cristalizado.

Normalmente, no eres más que una bolsa floja. No hay cristalización, no hay verdadero centro... solo algo líquido, solo una floja combinación de muchas cosas sin ningún centro. Una multitud que cambia y se mueve constantemente, sin ningún jefe. La conciencia es lo que te convierte en jefe... y cuando digo jefe no me refiero a un controlador. Cuando digo jefe me refiero a una presencia... una presencia continua. Hagas lo que hagas, y aunque no hagas nada, una cosa debe estar constantemente en tu conciencia: que tú *eres*.

Esta simple sensación de ser uno mismo, de que uno es, crea un centro, un centro de quietud, un centro de silencio, un centro de dominio interior. Es una potencia interior. Y cuando digo «una potencia interior» quiero decir eso al pie de la letra. Por eso los budas hablan del «fuego de la conciencia». Es un fuego. Si empiezas a hacerte consciente, empiezas a sentir en ti una nueva energía, un nuevo fuego, una nueva vida. Y gracias a esta nueva vida, nuevo poder, nueva energía, muchas cosas que te estaban dominando se disuelven. Ya no tienes que luchar con ellas.

Tienes que luchar con tu ira, con tu codicia, con tu sexo, porque eres débil. En realidad, la codicia, la ira y el sexo no son los problemas; el problema es la debilidad. En cuanto empiezas a ser más fuerte por dentro, con una sensación de presencia interior —cuando sientes que *eres*—, tus energías se van concentrando, cristalizan en un punto único y nace un yo. Recuerda, no un ego, sino un yo. El ego es una falsa sensación del yo. Sin tener ningún yo, sigues creyendo que lo tienes... eso es el ego. El ego es un falso yo... no eres un yo, pero aun así crees que eres un yo.

> La conciencia es lo que te convierte en jefe... y cuando digo jefe no me refiero a un controlador. Cuando digo jefe me refiero a una presencia... una presencia continua. Hagas lo que hagas, y aunque no hagas nada, una cosa debe estar constantemente en tu conciencia: que tú *eres*.

Malungputra, un buscador de la verdad, acudió a Buda. Buda le preguntó:

—¿Qué andas buscando?

—Busco mi yo. Ayúdame —dijo Malungputra.

Buda le pidió que prometiera hacer todo lo que se le indicara. Malungputra se echó a llorar y dijo:

—¿Cómo voy a prometer nada? No soy. Todavía no soy, así que ¿cómo puedo prometer? No sé lo que voy a ser mañana. No tengo ningún yo que pueda prometer, así que no me pidas imposibles. Lo intentaré. Eso es lo máximo que puedo decir, que lo intentaré. Pero no puedo decir que haré lo que tú me digas, porque ¿quién va a hacerlo? Lo que busco es eso que puede prometer y cumplir una promesa. Todavía no lo soy.

—Malungputra —dijo Buda—, te he pedido eso para oír esto. Si hubieras prometido, te habría rechazado. Si hubieras dicho: «te prometo que lo haré», yo habría sabido que no eres un auténtico buscador de la verdad, porque un buscador debe saber que aún no es. De lo contrario, ¿qué sentido tendría buscar? Si ya eres, no hay necesidad. ¡No eres! Y si uno puede sentir eso, el ego se evapora.

El ego es un concepto falso de algo que no está ahí. «Yo» significa un centro que pueda prometer. Este centro se crea estando continuamente consciente, constantemente consciente. Sé consciente de que estás haciendo algo... de que estás sentado, de que te vas a dormir, de que te está llegando el sueño, de que estás cayendo. Intenta ser consciente en todo momento, y entonces empezarás a sentir que en tu interior nace un centro. Las cosas han empezado a

El ego es una falsa sensación del yo. Sin tener ningún yo, sigues creyendo que lo tienes... eso es el ego.

cristalizar, se están centrando. Ahora todo está relacionado con un centro.

No estamos centrados. A veces nos sentimos centrados, pero son momentos en los que una situación nos hace conscientes. Si de pronto se produce una situación muy peligrosa, empezarás a sentir un centro dentro de ti, porque cuando estás en peligro te vuelves consciente. Si alguien va a matarte, en ese momento no puedes pensar; en ese momento no puedes seguir inconsciente. Toda tu energía está centrada, y ese momento se vuelve sólido. No puedes moverte hacia el pasado, no puedes moverte hacia el futuro... este momento concreto se convierte en todo. Y entonces no solo eres consciente del asesino, sino que te haces consciente de ti mismo, el que va a ser asesinado. En ese sutil momento empiezas a sentir un centro en tu interior.

Por eso los deportes peligrosos tienen su atractivo. Pregúntale a alguien que haya subido a la cima del Gourishankar, del monte Everest. Cuando Hillary llegó allí por primera vez, debió de sentir de repente un centro. Y cuando alguien llegó por primera vez a la luna, debió de experimentar una repentina sensación de centro. Por eso el peligro tiene atractivo. Vas conduciendo un coche, cada vez a más velocidad, hasta que la velocidad se convierte en peligrosa. Entonces no puedes pensar; los pensamientos cesan. Entonces no puedes soñar. Entonces no puedes imaginar. Entonces el presente se vuelve sólido. En ese momento peligroso, cuando la muerte es posible a cada instante, te haces súbitamente consciente de un centro en tu interior. El peligro tiene atractivo únicamente porque en algunas situaciones peligrosas te sientes centrado.

Nietzsche dijo en alguna parte que la guerra debe continuar porque solo en la guerra se siente a veces el yo —se siente un centro—, porque la guerra es peligro. Y cuando la muerte se convierte en una realidad, la vida se vuelve intensa. Cuando la muerte anda cerca, la vida se vuelve intensa y tú estás centrado. En cualquier momento, cuando te haces consciente de ti mismo hay un centrado; pero si es una situación lo que lo ha provocado, desaparecerá cuando cese la situación.

No debe ser algo situacional, debe ser interior. Así pues, procura estar consciente en toda actividad normal. Inténtalo cuando estés sentado en tu butaca: sé consciente del que está sentado. No solo de la butaca, no solo de la habitación, de la atmósfera que te rodea... sé consciente del que está sentado. Cierra los ojos y siéntete; profundiza y siéntete.

Eugen Herrigel estaba aprendiendo con un maestro zen. Estuvo tres años aprendiendo tiro con arco, y el maestro siempre le decía: «Bien. Lo que haces está bien hecho, pero no es suficiente.» Herrigel se convirtió en un maestro arquero. Su puntería llegó a ser perfecta al ciento por ciento, y el maestro seguía diciéndole: «Lo haces bien, pero no es suficiente.»

—¡Con una puntería ciento por ciento perfecta! —decía Herrigel—. Pero ¿qué esperas de mí? ¿Cómo puedo mejorar más? Con una puntería ciento por ciento perfecta, ¿cómo puedes esperar más?

Se dice que el maestro zen le respondió:

—A mí no me interesa tu pericia con el arco ni tu puntería. Me interesas tú. Te has convertido en un técnico perfecto. Pero cuando tu flecha sale del arco no eres consciente de ti mismo, así que no sirve de nada. No me interesa si la flecha da en el blanco. ¡Me interesas tú! Cuando la flecha sale disparada del arco, también por dentro debe dispararse tu conciencia. Aunque no acertaras en el blanco, no tendría importancia, pero donde no debes fallar es en el blanco interior, y en ese estás fallando. Te has convertido en un técnico perfecto, pero eres un imitador.

Pero para una mente occidental o, mejor dicho, para una mente moderna —y la mente occidental es la mente moderna—, es muy difícil concebir esto. Parece un absurdo. En el tiro con arco lo que interesa es la eficiencia de puntería del individuo.

Con el tiempo, Herrigel se desanimó y un día dijo:

—Lo dejo. Me parece imposible. ¡Es imposible! Cuando apuntas a un blanco, tu conciencia va al blanco, al objeto, y si quieres ser un buen arquero, tienes que olvidarte de ti mismo, recordar solo el objetivo, el blanco, y olvidarte de todo. Solo debe existir el blanco.

Pero el maestro zen le forzaba continuamente a crear otro blanco en su interior. La flecha debe ser una flecha doble: que apunte hacia el blanco exterior y apunte continuamente al blanco interior... al yo.

Herrigel dijo:

—Me marcho. Me parece imposible. No puedo cumplir tus condiciones.

Y el día de su partida, Herrigel estaba sentado. Había ido a despedirse del maestro, y el maestro estaba apuntando a otro blanco. Había otro aprendiz, y por primera vez Herrigel no estaba implicado; solo había ido a despedirse y esperaba sentado. En cuanto el maestro terminara su lección, él se despediría y se marcharía. Por primera vez no estaba implicado.

Pero entonces, de pronto, se hizo consciente del maestro y de la conciencia de doble flecha del maestro. El maestro estaba apuntando. Durante tres años, Herrigel había estado continuamente con el mismo maestro, pero estaba más interesado en sus propios esfuerzos. No había visto nunca a este hombre, lo que estaba haciendo. Por primera vez vio y comprendió... y de pronto, espontáneamente, sin esfuerzo, se acercó al maestro, le quitó el arco de las manos, apuntó al blanco y disparó la flecha. Y el maestro dijo:

—¡Muy bien! Por primera vez lo has hecho. Estoy contento.

¿Qué había hecho? Por primera vez se había centrado en sí mismo. El blanco estaba allí, pero también él estaba allí, presente.

Así pues, hagas lo que hagas —cualquier cosa, no es necesario que tires con arco—, hagas lo que hagas, aunque sea estar sentado, sé dos flechas. Recuerda lo que está pasando fuera y recuerda también quién está dentro.

Una mañana, Lin-chi estaba dando una conferencia y de pronto alguien preguntó:

—Respóndame una sola pregunta: ¿Quién soy yo?

Lin-chi bajó del estrado y se acercó al hombre. Toda la sala guardó silencio. ¿Qué iba a hacer? Era una pregunta bien simple. Podía haberla respondido desde el estrado. Lin-chi llegó hasta el hombre. Toda la sala estaba en silencio. Lin-chi se quedó parado ante el hombre, mirándole a los ojos. Era un momento muy penetrante. Todo se detuvo. El hombre empezó a sudar. Lin-chi no hacía más que mirarle a los ojos. Y entonces, Lin-chi dijo:

—No me preguntes. Entra y descubre quién pregunta. Cierra los ojos. No preguntes: «¿Quién soy yo?» Ve adentro y descubre quién ha preguntado, quién es ese preguntador interior. Olvídate de mí. Encuentra la fuente de la pregunta. ¡Penetra hasta el fondo!

Y se dice que el hombre cerró los ojos, guardó silencio y de pronto se iluminó. Abrió los ojos, se echó a reír, tocó los pies de Lin-chi y dijo:

—Me has respondido. Les he hecho esta pregunta a muchos y me han dado muchas respuestas, pero ninguna era una auténtica respuesta. Pero tú me has respondido.

«¿Quién soy yo?» ¿Cómo se puede responder a esa pregunta? Pero en esta situación particular —mil personas calladas, un silencio en el que se habría oído la caída de un alfiler—, Lin-chi bajó con ojos penetrantes y simplemente le ordenó al hombre: «Cierra los ojos, entra y descubre quién pregunta. No esperes que yo te responda. Descubre quién ha preguntado.» Y el hombre cerró los ojos. ¿Qué ocurrió en esa situación? Se centró. De pronto estaba centrado, de pronto se hizo consciente del núcleo más interior.

Esto hay que descubrirlo, y hacerse consciente es el método para descubrir este núcleo interior. Cuanto más inconsciente estés, más alejado estás de ti mismo. Cuanto más consciente, más te acercas a ti. Si la conciencia es total, estás en el centro. Si hay menos conciencia, estás cerca de la periferia. Cuando estás inconsciente, estás en la periferia, donde el centro está completamente olvidado. Así pues, estas son las dos maneras posibles de moverse.

Puedes moverte hacia la periferia, y entonces te mueves hacia la inconsciencia. Te sientas a ver una película, te sientas en alguna parte a escuchar música, y te olvidas de ti mismo. Entonces estás en la periferia. Leyendo el Bhagavad Gita o la Biblia o el Corán, te puedes olvidar de ti mismo... entonces estás en la periferia.

Es difícil mantenerse consciente aunque solo sea un momento; la mente está parpadeando constantemente. Pero no es imposible. Es arduo, es difícil, pero no es imposible.

Hagas lo que hagas, si puedes recordarte a ti mismo, estás más cerca del centro. Y un buen día, de pronto, te encuentras centrado. Entonces tienes energía. Esa energía es el fuego. Toda la vida, toda la existencia, es energía, es fuego. Fuego es el nombre antiguo; ahora lo llaman electricidad. El hombre le ha aplicado muchos, muchos nombres, pero «fuego» está bien. La electricidad parece un poquito muerta; el fuego parece más vivo.

Actúa con mucho cuidado. Es un viaje largo y dificultoso, y se hace difícil mantenerse consciente aunque solo sea un momento; la mente está parpadeando constantemente. Pero no es imposible. Es arduo, es difícil, pero no es imposible. Es posible... es posible para todos. Solo se necesita esfuerzo, y tiene que ser un esfuerzo sincero. No hay que hacer excepciones; no hay que dejar sin tocar nada del interior. Todo debe ser sacrificado a la conciencia; solo entonces se descubrirá la llama interior. Está ahí.

Si uno se pone a buscar la unidad esencial entre todas las religiones que han existido o puedan llegar a existir, encontrará esta única palabra: *conciencia*.

Jesús cuenta una parábola. El dueño de una gran mansión se marcha y les dice a sus sirvientes que estén en constante alerta, porque puede volver en cualquier momento. O sea, que tienen que estar alerta veinticuatro horas al día. El señor puede llegar en cualquier momento... ¡en cualquier momento! No hay un momento prefijado, un día fijo, una fecha fija. Si hubiera una fecha fija, podrías echarte a dormir; después podrías hacer lo que quisieras, y estar alerta solo en esa fecha determinada, porque el señor va a llegar. Pero el señor ha dicho: «Volveré en cualquier momento. Tenéis que estar alerta día y noche para recibirme.»

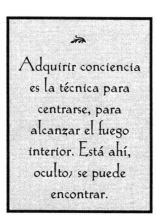

Adquirir conciencia es la técnica para centrarse, para alcanzar el fuego interior. Está ahí, oculto, se puede encontrar.

Es una parábola de la vida. No puedes aplazarlo; el señor puede llegar en cualquier momento. Hay que estar alerta continuamente. No hay fecha fija; no se sabe nada sobre cuándo llegará el momento. Solo se puede hacer una cosa: estar alerta y esperar.

Adquirir conciencia es la técnica para centrarse, para alcanzar el fuego interior. Está ahí, oculto; se puede encontrar. Y una vez que se encuentra, solo entonces, somos capaces de entrar en el templo. No antes, nunca antes.

Pero podemos engañarnos a nosotros mismos con símbolos. Los

símbolos sirven para indicarnos realidades más profundas, pero también podemos usarlos como engaños. Podemos quemar incienso, podemos realizar cultos con cosas exteriores, y después nos sentimos satisfechos por haber hecho algo. Nos sentimos religiosos sin habernos vuelto religiosos en modo alguno. Esto es lo que está ocurriendo; en eso se ha convertido el mundo. Todo el mundo cree ser religioso solo porque está siguiendo símbolos exteriores, sin fuego interno.

Esfuérzate por mucho que fracases. Estás empezando. Fracasarás una y otra vez, pero hasta los fracasos te servirán de ayuda. Cuando dejas de ser consciente, aunque haya sido un momento, sientes por primera vez lo inconsciente que estás.

Vas andando por la calle y no puedes dar más que unos cuantos pasos sin volver a la inconsciencia. Una y otra vez te olvidas de ti mismo. Te pones a leer un cartel y te olvidas de ti mismo. Pasa alguien, lo miras y te olvidas de ti mismo.

> Tus fracasos te ayudarán. Pueden demostrarte lo inconsciente que estás. Y con el mero hecho de hacerte consciente de que estás inconsciente, has ganado una cierta conciencia. Si un loco se da cuenta de que está loco, está en camino hacia la cordura.

Tus fracasos te ayudarán. Pueden demostrarte lo inconsciente que estás. Y con el mero hecho de hacerte consciente de que estás inconsciente, has ganado una cierta conciencia. Si un loco se da cuenta de que está loco, está en camino hacia la cordura.

Muchas enfermedades, una sola receta

Has intentado no ponerte furioso, lo has decidido un montón de veces, pero sigue ocurriendo. Has intentado no ser codicioso, pero una vez tras otra caes en la trampa. Has intentado toda clase de cosas para cambiar, pero nada parece dar resultado. Sigues siendo igual.

Y aquí estoy yo diciéndote que existe una llave sencilla: la conciencia. No te lo puedes creer. ¿Cómo va a ayudarte la conciencia, la simple conciencia, cuando ninguna otra cosa ha servido de ayuda? Las llaves son siempre muy pequeñas; las llaves no son cosas grandes. Una llave pequeña puede abrir una puerta muy grande.

Cuando la gente le preguntaba a Buda: «¿Qué debemos hacer para no enfurecernos, o qué debemos hacer para no ser codiciosos, o qué debemos hacer para no estar tan obsesionados con el sexo o con la comida?», su respuesta era siempre la misma: «Hazte consciente. Pon conciencia en tu vida.»

Su discípulo Ananda, que escuchaba las preguntas de todo tipo de personas, con problemas muy diferentes, y veía que la receta del médico era siempre la misma, estaba confuso. Y preguntó: «¿Qué pasa contigo? Vienen con diferentes tipos de enfermedades —unos con codicia, otros con sexo, otros con comida y otros con otras cosas— pero tu receta es siempre la misma.»

Y Buda dijo: «Sus enfermedades son diferentes... porque la gente puede soñar diferentes sueños. Si dos personas se duermen, pueden tener dos mil sueños. Pero si venís a mí y me preguntáis cómo libraros de este sueño, la medicina será siempre la misma: ¡Despierta! No va a cambiar; la receta será siempre la misma. Podéis llamarlo conciencia, podéis llamarlo ser testigo, podéis llamarlo recordar, podéis llamarlo meditación... son diferentes nombres para la misma medicina.»

El analista y el testigo

EL MÉTODO occidental consiste en pensar en un problema, encontrar las causas del problema, penetrar en la historia del problema, en el pasado del problema, llegar a las raíces del problema, hasta el principio mismo. Descondicionar la mente, o recondicionar la mente, recondicionar el cuerpo, sacar a la luz todas las huellas que han quedado en el cerebro... ese es el método occidental. El psicoanálisis penetra en la memoria; trabaja en ella. Va hasta tu infancia, a tu pasado; se mueve hacia atrás. Encuentra dónde surgió un problema. A lo mejor fue hace cincuenta años, cuando eras un niño, y el problema surgió en tu relación con tu madre; el psicoanálisis retrocederá hasta allí.

¡Cincuenta años de historia! Es una tarea muy larga y muy lenta. Y ni siquiera eso sirve de mucha ayuda, porque hay millones de problemas; no es cuestión de un solo problema. Puedes reconstruir la historia de un problema; puedes consultar tu autobiografía y encontrar las causas. Tal vez puedas eliminar un problema, pero hay millones de problemas. Si empiezas a profundizar en cada problema, para resolver los problemas de una vida necesitarás millones de vidas. Deja que te lo repita: para resolver los problemas de una vida tendrás que nacer una y otra vez, millones de veces. Esto es casi impracticable. No se puede hacer. Y todos esos millones de vidas que dedicarás a resolver los problemas de esta vida, todas esas vidas generarán sus propios problemas... y así una vez tras otra. Te quedarás cada vez más atascado en los problemas. ¡Eso es absurdo!

Ahora se aplica el mismo enfoque psicoanalítico al cuerpo: existen métodos como el *rolfing*, la bioenergética y otros, que tratan de eliminar huellas en el cuerpo, en la musculatura. Una vez más, hay que penetrar en la historia del cuerpo. Pero hay una cosa segura acerca de ambos métodos, que funcionan según la misma pauta lógica: que el problema procede del pasado, así que de algún modo hay que manipular el pasado.

La mente humana ha intentado desde siempre hacer dos cosas imposibles. Una es alterar el pasado, que es algo que no se puede hacer. El pasado ya ha ocurrido. No se puede volver al pasado. Cuando piensas en volver al pasado, lo más que puedes hacer es penetrar en el recuerdo; no es el auténtico pasado, es solo un recuerdo. El pasado ya no existe, así que no se puede modificar. Este es uno de los objetivos imposibles de la humanidad, y el hombre ha sufrido mucho por su causa. Quieres rehacer el pasado. ¿Cómo vas a rehacerlo? El pasado es absoluto. El pasado significa que todo el potencial de una cosa se ha agotado; se ha vuelto actual. Ya no existe ninguna posibilidad de modificarlo, de deshacerlo, de rehacerlo. Con el pasado no se puede hacer nada.

> El pasado es absoluto. El pasado significa que todo el potencial de una cosa se ha agotado; se ha vuelto actual. Ya no existe ninguna posibilidad de modificarlo, de deshacerlo, de rehacerlo.

Y la segunda idea imposible que siempre ha dominado la mente humana es determinar el futuro, que es algo que tampoco se puede hacer. El futuro significa lo que aún no es; no se puede establecer. El futuro siempre es indeterminado, el futuro sigue abierto.

El futuro es pura potencialidad; hasta que ocurre, no se puede estar seguro de él. El pasado es pura actualidad; ya ha ocurrido. Ya no se puede hacer nada al respecto. Entre estas dos cosas, el hombre se encuentra en el presente, siempre pensando en imposibles. Quiere asegurarse de todo lo referente al futuro, al mañana... y eso no se puede hacer. Métetelo en la cabeza lo más hondo posible: *no se puede hacer*. No malgastes tu momento presente intentando asegurar el futuro. El futuro es incertidumbre; esa es la cualidad básica del futuro. Y tampoco pierdas el tiempo mirando hacia atrás. El pasado ya ha ocurrido, es un fenómeno muerto. No se puede hacer nada con él. Como máximo, se puede reinterpretar, y eso es todo. Eso es lo que hace el psicoanálisis: reinterpretarlo. Se puede reinterpretar, pero el pasado sigue siendo el mismo.

El psicoanálisis y la astrología... la astrología trata de algún modo de darte seguridades acerca del futuro y el psicoanálisis trata de rehacer el pasado. Ninguna de las dos cosas es una ciencia. Las dos cosas son imposibles, pero ambas tienen millones de seguidores... porque al hombre le gustan esas cosas. Quiere estar seguro acerca del futuro, así que va al astrólogo, consulta el I Ching, acude a una echadora de Tarot, y existen mil y una maneras de tomarse el pelo a sí mismo, de engañarse uno mismo. Y además, hay personas que dicen que pueden cambiar el pasado... y también las consulta.

Cuando se descartan estas dos cosas, uno queda libre de toda clase de tonterías. Dejas de ir al psicoanalista y dejas de acudir al astrólogo. Sabes ya

> El futuro es pura potencialidad, hasta que ocurre, no se puede estar seguro de él. El pasado es pura actualidad, ya ha ocurrido. Ya no se puede hacer nada al respecto. Entre estas dos cosas, el hombre se encuentra en el presente, siempre pensando en imposibles.

que el pasado está terminado... y que tú has terminado con él. Y el futuro aún no ha ocurrido. Cuando ocurra, ya veremos. De momento, no se puede hacer nada al respecto. Con eso solo destruirías el momento presente, que es el único momento disponible, real.

Occidente ha seguido examinando continuamente los problemas, para ver cómo resolverlos. Occidente se toma los problemas muy en serio. Y cuando sigues una cierta lógica, dadas las premisas, esa lógica parece perfecta.

Hace poco leí una anécdota:

Un gran filósofo y matemático de fama mundial viaja en un avión. Está sentado en su asiento, pensando en grandes problemas matemáticos, cuando de pronto se oye un aviso del capitán: «Lo siento, va a haber un pequeño retraso. El motor número uno se ha parado y estamos volando con solo tres motores.»

Unos diez minutos después, se oye otro aviso: «Me temo que el retraso va a aumentar. Los motores dos y tres se han parado, y solo nos queda el motor número cuatro.»

El filósofo se vuelve hacia el viajero sentado a su lado y le dice:

—¡Válgame Dios! Si se para el motor que queda, nos vamos a pasar aquí arriba toda la noche.

> En el momento en que dices que ningún problema es grave, el problema está muerto en casi un noventa y nueve por ciento. Cambia toda tu visión del problema.

Cuando piensas siguiendo una cierta línea, la dirección misma de esa línea hace posibles ciertas cosas... incluso cosas absurdas. Cuando te tomas muy en serio los problemas humanos, cuando empiezas a pensar en el hombre como un problema, cuando has aceptado ciertas premisas, has dado el primer paso en dirección equivocada. Ahora puedes seguir en esa dirección, y puedes seguir y seguir indefinidamente. Se ha escrito una gran cantidad de literatura acerca de los fenómenos mentales, del psicoanálisis; se han escrito millones de artículos, tratados y libros. En cuanto Freud abrió las puertas de una cierta lógica, dominó el siglo entero.

Oriente tiene una actitud totalmente diferente. En primer lugar, dice que ningún problema es grave. En el momento en que dices que ningún problema es grave, el problema está muerto en casi un noventa y nueve por ciento. Cambia toda tu visión del problema. La segunda cosa que dice Oriente es que el problema está ahí porque tú te has *identificado* con él. No tiene nada que ver con el pasado, nada que ver con su historia. Estás identificado con él, eso es lo que importa. Y esa es la clave para resolver todos los problemas.

Por ejemplo, eres una persona irascible. Si vas al psicoanalista, te dirá: «Retrocede en el pasado... ¿cómo se originó esta ira? ¿En qué situaciones se fue volviendo cada vez más condicionada y se fue imprimiendo en tu mente? Vamos a tener que borrar todas esas huellas; tendremos que eliminarlas. Vamos a tener que cambiar tu pasado por completo.»

Si acudes a un místico oriental, te dirá: «Crees que *estás* irritado, te sientes identificado con la ira... eso es lo que va mal. La próxima vez que se presente la ira, tú limítate a ser un observador, a ser un testigo. No te identifiques con la ira. No digas "Estoy furioso". No digas "Soy la ira". Limítate a ver lo que ocurre, como si estuviera ocurriendo en una pantalla de televisión. Mírate a ti mismo como si estuvieras mirando a otro.»

Eres pura conciencia. Cuando se forma a tu alrededor la nube de ira, limítate a mirarla, y mantente alerta para no identificarte con ella. Todo consiste en no identificarse con el problema. En cuanto hayas aprendido esto... y no me hables de que tienes «demasiados problemas», porque la llave, la misma llave, abre todas las cerraduras. Lo mismo vale para la ira que para la codicia, que para el sexo. Vale para cualquier cosa de la que la mente sea capaz.

> Todo consiste en no identificarse con el problema. En cuanto hayas aprendido esto... y no me hables de que tienes «demasiados problemas», porque la llave, la misma llave, abre todas las cerraduras.

Oriente dice que te limites a no identificarte. Recuerda... eso es lo que quería decir Gurdjieff cuando hablaba de «recordarse a sí mismo». Recuerda que eres un testigo, ten cuidado, eso es lo que dice Buda. Mantente alerta mientras pasa la nube. Puede que la nube venga del pasado, pero eso no tiene importancia. Tiene que tener algún pasado, no va a surgir de la nada. Tiene que haberse originado en una cierta secuencia de acontecimientos, pero eso es irrelevante. ¿Por qué molestarse con ello? Ahora mismo, en este momento, puedes distanciarte de ello. Puedes separarte de ello, puedes romper el puente ahora mismo... y *solo* se puede romper en el ahora.

> El pasado y sus condicionamientos existen... pero existen solo en el cuerpo o en el cerebro. No existen en tu conciencia, porque la conciencia no se puede condicionar. La conciencia se mantiene siempre libre... la libertad es su cualidad más esencial, la libertad es su naturaleza misma.

Retroceder al pasado no sirve de nada. Hace treinta años, surgió la ira y tú te identificaste con ella aquel día. Ahora no te puedes desidentificar de aquel pasado. ¡Ya no está aquí! Pero sí que te puedes desidentificar en *este* momento, en este preciso momento... y si lo haces, toda la serie de iras del pasado dejará de formar parte de ti. Ya no tendrás que retroceder y deshacer algo que hicieron tus padres y la sociedad y los sacerdotes y la iglesia. Eso sería una pura pérdida de precioso tiempo presente. Primero te destruyó muchos años y ahora te destruye tus momentos presentes. Más vale que te libres simplemente de ello, como se libra una serpiente de su piel vieja.

El pasado y sus condicionamientos existen... pero existen solo en el cuerpo o en el cerebro. No existen en tu conciencia, porque la conciencia no se puede condicionar. La conciencia se mantiene siempre libre... la libertad es su cualidad más esencial, la libertad es su naturaleza misma. Puedes mirar: tantos años de represión, tantos años de cierta educación. En este momento en el que estás mirándolo, esta conciencia ya no se identifica. De no ser así, ¿quién iba a ser consciente? Si verdaderamente hubieras estado *reprimido*, ¿quién sería consciente? No existiría ninguna posibilidad de hacerse consciente.

Si puedes decir: «Veintiún años en un sistema educativo loco», un cosa es segura: todavía no estás loco. El sistema ha fallado; no funcionó. Jayananda, no estás loco, por eso puedes ver que el sistema entero está loco. Un loco no puede darse cuenta de que está loco. Solo una persona cuerda puede ver que esto es una locura. Para ver que la locura es locura, se necesita cordura. Esos veintiún años de sistema loco han fracasado; todo ese condicionamiento represivo ha fracasado. En realidad, no puede dar resultado. Solo funciona en la medida en que tú te identifiques con él. En cualquier momento puedes distanciarte... está ahí, no te digo que no esté ahí; pero ya no forma parte de tu conciencia.

Esta es la belleza de la conciencia. La conciencia puede librarse de cualquier cosa. No tiene barreras, no tiene límites. Un momento antes eras inglés y entendías toda la estupidez del nacionalismo, y un momento después ya no eres inglés. No estoy diciendo que tu piel cambie y deje de ser blanca; seguirá siendo blanca, pero tú ya no te identificas con la blancura; ya no estás en contra del negro. Ves que es una estupidez. No digo que solo por ver que ya no eres inglés te olvides del idioma inglés; no, todavía seguirá estando en tu memoria, pero tu conciencia ha escapado de eso, tu conciencia está en lo alto de una colina mirando el valle desde arriba. Ahora el inglés está muerto en el valle y tú estás en lo alto de la colina, muy lejos, distanciado, intacto.

> Toda la metodología oriental se puede reducir a dos palabras: ser testigo. Y toda la metodología occidental se puede reducir a una cosa: analizar. Cuando analizas, das vueltas y más vueltas. Cuando eres testigo, simplemente te sales del círculo.

Toda la metodología oriental se puede reducir a dos palabras: ser testigo. Y toda la metodología occidental se puede reducir a una cosa: analizar. Cuando analizas, das vueltas y más vueltas. Cuando eres testigo, simplemente te sales del círculo.

El análisis es un círculo vicioso. Si te metes de verdad en el análisis, te encontrarás desconcertado. ¿Cómo es posible? Si, por ejemplo, intentas retroceder al pasado, ¿dónde terminarás? ¿Dónde exactamente? Si retrocedes al pasado, ¿dónde comenzó tu sexualidad? ¿Cuando tenías catorce años? ¿Y acaso entonces surgió de la nada? Debió haberse estado preparando en el cuerpo, ¿no? Entonces, ¿cuándo? ¿Cuando naciste? Pero ¿acaso no se estuvo preparando antes, cuando estabas en el seno de tu madre? Entonces, ¿cuándo? ¿En el momento en que fuiste concebido? Pero antes de eso, la mitad de tu sexualidad estaba madura en el óvulo de tu madre y la otra mitad de tu sexualidad estaba madurando en el espermatozoide de tu padre. Si seguimos así, ¿dónde terminarás? ¡Tendrás que remontarte a Adán y Eva! Y ni siquiera ahí termina la cosa. Tendrás que remontarte hasta Dios Padre. ¿Por qué, si no, creó a Adán?

> El análisis nunca ayuda de verdad a nadie. Es una especie de ajuste; te ayuda a adquirir un poquito de comprensión de tus problemas, de su génesis, de cómo surgieron. Y esa pequeña comprensión intelectual te ayuda a adaptarte mejor a la sociedad, pero sigues siendo la misma persona. Por ese camino no hay transformación.

El análisis siempre se queda a medias, y por eso el análisis nunca ayuda de verdad a nadie. No puede ayudar. Te deja un poco más adaptado a la realidad, eso es todo. Es una especie de ajuste; te ayuda a adquirir un poquito de comprensión de tus problemas, de su génesis, de cómo surgieron. Y esa pequeña comprensión intelectual te ayuda a adaptarte mejor a la sociedad, pero sigues siendo la misma persona. Por ese camino no hay transformación, por ese camino no hay cambio radical.

Ser testigo es una revolución. Es un cambio radical desde las raíces mismas. Trae a la existencia un ser humano totalmente nuevo, porque deja tu conciencia libre de todos los condicionamientos. Los condicionamientos están ahí, en el cuerpo y en la mente, pero la conciencia se mantiene sin condicionar. Es pura, siempre pura. Es virgen; su virginidad no se puede violar.

El enfoque oriental consiste en hacerte consciente de esta conciencia virgen, de esta pureza, de esta inocencia. Oriente hace hincapié en el cielo y Occidente hace hincapié en las nubes. Las nubes tienen una génesis; si quieres averiguar de dónde proceden, tendrás que ir al océano, después a los rayos de sol y la evaporación del agua, y la formación de nubes... y así puedes seguir, pero te estarás moviendo en círculo. Las nubes se forman, se reúnen, se enamoran de los árboles, empiezan a descargar agua a la tierra, se convierten en ríos, llegan al mar, empiezan a evaporarse, se elevan otra vez con los rayos de sol, se convierten en nubes, vuelven a caer a la tierra... y el proceso continúa, dando vueltas y más vueltas. Es una rueda. ¿Por dónde puedes salir? Una cosa conduce a otra y tú sigues en la rueda.

El cielo no tiene génesis. El cielo no se ha creado; no ha sido producido por nada. De hecho, para que algo exista tiene que haber antes un cielo, es una necesidad a priori. Tiene que existir antes de que exista cualquier otra cosa. Si le preguntáis a un teólogo cristiano, os dirá: «Dios creó el mundo.» Preguntadle si antes de que Dios creara el mundo existía o no un cielo. Si no había cielo, ¿dónde estaba Dios? Tenía que necesitar algún espacio. El espacio es imprescindible, incluso para que exista Dios. No puedes decir: «Dios creó el espacio.» Eso sería absurdo, porque no habría tenido ningún espacio donde existir. El espacio debe preceder a Dios.

El cielo siempre ha estado ahí. El enfoque oriental consiste en prestar atención al cielo. El enfoque occidental te hace prestar cada vez más atención a las nubes, y te ayuda un poco, pero no te hace consciente de tu núcleo interno. De la circunferencia sí, te haces un poco más consciente de la circunferencia, pero no eres consciente del centro. Y la circunferencia es un ciclón.

Tienes que encontrar el centro del ciclón. Y eso solo se consigue siendo testigo.

Ser testigo no cambiará tu condicionamiento. Ser testigo no cambiará la musculatura de tu cuerpo. Pero ser testigo te proporcionará una experiencia, la de que estás más allá de toda musculatura, más allá de todo condicionamiento. En ese momento de distanciamiento, en ese momento de trascendencia, no existen problemas... no para ti.

> Ser testigo no cambiará tu condicionamiento. Ser testigo no cambiará la musculatura de tu cuerpo. Pero ser testigo te proporcionará una experiencia, la de que estás más allá de toda musculatura, más allá de todo condicionamiento. En ese momento de distanciamiento, en ese momento de trascendencia, no existen problemas.

Y ahora todo depende de ti. El cuerpo seguirá cargando con la musculatura y la mente seguirá cargando con el condicionamiento... ahora todo depende de ti. Si en algún momento echas de menos el problema, puedes entrar en el cuerpo-mente y disfrutar del problema. Si no quieres tenerlo, puedes quedarte fuera. El problema seguirá ahí, como una huella impresa en el fenómeno cuerpo-mente, pero tú estás aparte, distanciado de él.

Así es como funciona Buda. Tú utilizas la memoria y Buda también utiliza la memoria... pero él no se identifica con ella. Él utiliza la memoria como un simple mecanismo. Por ejemplo, ahora estoy utilizando el lenguaje. Cuando tengo que utilizar el lenguaje, utilizo la mente con todo lo que lleva impreso, pero como un continuo. Yo no soy la mente; la conciencia está presente. Yo sigo siendo el que manda, la mente sigue siendo un sirviente. Cuando se llama a la mente, ella acude; se la utiliza para lo que sirve, pero no se la deja dominar.

O sea, que siguen existiendo problemas, pero existen solo en forma de semillas en el cuerpo y la mente. ¿Cómo podrías cambiar tu pasado? En el pasado has sido católico; si has sido católico durante cuarenta años, ¿cómo vas a cambiar esos cuarenta años y dejar de ser católico? No, esos cuarenta años seguirán siendo el período en que fuiste católico, pero ahora puedes salir de ahí. Ahora sabes que aquello era simple identificación. Esos cuarenta años no se pueden destruir, y no hay necesidad de destruirlos. Si eres el señor de la casa, no hay necesidad. Incluso puedes utilizar esos cuarenta años de algún modo, de un modo creativo. Incluso aquella educación absurda se puede utilizar de un modo creativo.

Todas las impresiones grabadas en el cerebro, en la musculatura del cuerpo, seguirán donde están, pero en forma de semilla, *en potencia*. Si te sientes demasiado solo y quieres problemas, puedes tenerlos. Si te sientes muy mal por no sufrir, puedes tenerlos. Siempre estarán a tu disposición, pero no hay necesidad de tenerlos, ninguna necesidad. Es una elección tuya.

Ser testigo es la técnica para centrarse. Ya hemos hablado de centrarse: un hombre puede vivir de dos maneras: puede vivir desde su periferia o desde su centro. La periferia pertenece al ego y el centro pertenece al ser. Si vives desde el ego, estarás siempre relacionado con *lo otro*. La periferia está relacionada con lo otro.

Hagas lo que hagas, no será una acción; será siempre una reacción. Lo haces en respuesta a algo que te hacen a ti. Desde la periferia no hay acción, todo es una reacción, nada viene de tu centro. En cierto modo, eres esclavo de las circunstancias. No estás haciendo nada; más bien te están obligando.

> Si te sientes demasiado solo y quieres problemas, puedes tenerlos. Si te sientes muy mal por no sufrir, puedes tenerlos. Siempre estarán a tu disposición, pero no hay necesidad de tenerlos, ninguna necesidad. Es una elección tuya.

Desde el centro, la situación cambia diametralmente. Desde el centro empiezas a actuar; por primera vez empiezas a existir por derecho propio, no como algo *relacionado*.

Buda pasa por un pueblo. Algunos de sus habitantes están indignados, son completamente contrarios a sus enseñanzas. Le increpan, le insultan. Buda escucha en silencio y dice:

—Si ya habéis terminado, permitidme seguir mi camino. Tengo que llegar a la siguiente aldea, donde me están esperando. Si todavía queda algo en vuestra mente, podéis terminar de decirlo cuando vuelva a pasar por este camino, de regreso.

—Te hemos insultado —dicen los aldeanos—. Te hemos increpado. ¿No vas a responder?

—Yo nunca reacciono —dice Buda—. Lo que vosotros hagáis es asunto vuestro. Yo ya no reacciono nunca y no podéis obligarme a hacer algo. Podéis insultarme; es asunto vuestro. Yo no soy un esclavo. Me he convertido en un hombre libre. Actúo desde mi centro, no desde mi periferia, y vuestros insultos solo pueden tocar mi periferia, no mi centro. Mi centro se mantiene intacto.

> En cuanto tienes un centro, te distancias de ti mismo, te distancias de tu periferia. Pueden insultar a la periferia, pero no a ti. Tú te mantienes aparte, distanciado.

Te sientes afectado, no porque hayan tocado tu centro, sino porque no tienes centro. Eres solo tu periferia, estás identificado con la periferia. A la periferia le afecta todo, todo lo que ocurre. Es solo tu frontera con el exterior, así que todo lo que ocurre le afecta, y tú no tienes centro. En cuanto tienes un centro, te distancias de ti mismo, te distancias de tu periferia. Pueden insultar a la periferia, pero no a ti. Tú te mantienes aparte, distanciado... existe una distancia entre tú y tu yo. Existe una distancia entre tú como periferia y tú como centro. Y esa distancia no la puede saltar nadie más, porque nadie puede penetrar hasta el centro. El mundo exterior solo puede tocarte en la periferia.

Por eso Buda dice: «Ahora estoy centrado. Hace diez años, habría sido diferente. Si me hubiérais insultado, habría reaccionado. Pero ahora, solo *actúo*.»

Hay que entender con claridad la diferencia entre reacción y acción. Tú amas a alguien porque ese alguien te ama. Buda también te ama, pero no porque tú le ames; eso carece de importancia. Que tú le ames o no es irrelevante; él te ama porque es un *acto*, no una reacción. El acto sale de ti, y la reacción es algo que te fuerzan a hacer. Estar centrado significa que has empezado a actuar.

Otra cosa que hay que recordar es que cuando actúas, el acto es siempre total. Cuando reaccionas, no puede nunca ser total. Es siempre parcial, fragmentario, porque cuando actúo desde mi periferia —es decir, cuando *reacciono*—, no puede ser total porque no estoy verdaderamente implicado. Solo está implicada mi periferia, así que no puede ser total. Así pues, si amas desde tu periferia, tu amor nunca podrá ser total, será siempre parcial. Y eso es muy importante, porque si el amor es parcial, el espacio sobrante se llenará con odio. Si tu amabilidad es parcial, el espacio sobrante se llenará de crueldad. Si tu bondad es parcial, ¿con qué se llenará el espacio sobrante? Si tu Dios es parcial, necesitarás un Diablo para llenar el espacio restante.

Eso significa que un acto parcial tiene por fuerza que ser contradictorio, en conflicto consigo mismo. Tu mente es anfibia, contradictoria... ante un mismo objeto reaccionas con amor y con odio. Y si el amor y el odio están presentes a la vez, tiene que haber confusión... una confusión venenosa. Tu amabilidad está mezclada con crueldad y tu caridad es un robo y tus oraciones se convierten en actos de violencia. Aunque intentes ser un santo en tu periferia, tu santidad estará manchada de pecado. En la periferia, todo resulta contradictorio.

Solo cuando actúas desde el centro tus acciones son totales. Y cuando un acto es total, posee una belleza propia. Cuando el acto es total, se vive momento a momento. Cuando el acto es total, no cargas con el recuerdo; no es necesario. Cuando el acto es parcial, es una cosa inconclusa.

Supón que comes algo. Si comes de un modo parcial, cuando hayas acabado la verdadera comida seguirás comiendo en tu mente. El acto ha quedado inconcluso. Solo una cosa total puede tener un principio y un final. Una cosa parcial es solo una serie continua sin principio ni final. Estás en tu casa, y te has traído a casa tu tienda y el mercado. Estás en tu tienda y te has llevado allí tu casa y tus asuntos domésticos. Nunca estás, no puedes estar, de un modo total en un único momento; estás cargando con muchas cosas de manera continua. Este es el peso, el tenso peso de la mente sobre el corazón.

> Solo cuando actúas desde el centro tus acciones son totales. Y cuando un acto es total, posee una belleza propia. Cuando el acto es total, se vive momento a momento. Cuando el acto es total, no cargas con el recuerdo; no es necesario.

Un acto total tiene un principio y un final. Es atómico; no es una serie. Está ahí y después deja de estar. A partir de ahí, estás en completa libertad de moverte hacia lo desconocido. De otro modo, uno va siguiendo los surcos, la mente sigue los surcos trazados, te mueves siempre del mismo modo circular, en un círculo vicioso. Como el pasado nunca queda terminado, se mete en el presente, sigue adelante y penetra en el futuro.

Así pues, en realidad, una mente parcial, una mente periférica, carga con el peso del pasado... ¡y el pasado es una cosa muy grande! Aunque no tengas en cuenta las vidas anteriores, aun así el pasado es una cosa muy grande. Cincuenta años de experiencias, bonitas y feas, pero sin terminar, todo sin concluir, y tú sigues cargando con un pasado de cincuenta años que está muerto. Ese pasado muerto cae sobre un único momento del presente... ¡por fuerza ha de matarlo!

Así no puedes vivir, es imposible. Con ese pasado a cuestas no puedes vivir. Cada momento concreto es tan fresco y tan delicado que todo ese peso muerto lo matará. ¡Lo está matando! Tu pasado está matando tu presente, y cuando el presente está muerto pasa a formar parte de la carga. Cuando está vivo, no forma parte de ti... cuando está muerto, cuando lo mata el peso del pasado muerto, entonces es tuyo, forma parte de ti. Esta es la situación.

En el momento en que empiezas a actuar desde el centro, cada acto es total, atómico. Está ahí y después ya no está. Quedas completamente libre de él. Y entonces puedes moverte sin cargas, sin llevar peso. Y solo entonces puedes vivir en el nuevo momento que está siempre ahí, llegando a él en plena forma. Pero solo puedes llegar en plena forma si no vas cargando con un pasado.

Y si el pasado está inconcluso, tendrás que cargar con él. La mente tiene tendencia a concluirlo todo. Si algo está sin terminar, habrá que cargar con ello. Si algo ha quedado inconcluso durante el día, soñarás con ello durante la noche, porque la mente tiene tendencia a concluirlo todo. En el momento en que queda terminado, la mente se libra de la carga. Si no está terminado, la mente volverá a ello una y otra vez.

Hagas lo que hagas —amor, sexo, amistad—, todo queda inacabado. Y no puedes conseguir que sea total si te quedas en la periferia. ¿Cómo centrarse en uno mismo? ¿Cómo logra uno centrarse para no seguir en la periferia? La técnica consiste en ser testigo.

La palabra *testigo* es una palabra muy importante. Existen cientos de técnicas para centrarse, pero hacerse testigo es una parte necesaria, una parte básica, de todas las técnicas. Sea cual sea la técnica, la parte esencial es hacerse testigo. Así que bien se la podría

> Si algo ha quedado inconcluso durante el día, soñarás con ello durante la noche, porque la mente tiene tendencia a concluirlo todo. En el momento en que queda terminado, la mente se libra de la carga. Si no está terminado, la mente volverá a ello una y otra vez.

llamar la técnica de todas las técnicas. No se trata de una simple técnica; el proceso de hacerse testigo es la parte esencial de *todas* las técnicas.

También se puede hablar del testimonio como técnica pura. J. Krishnamurti, por ejemplo, habla del testimonio como técnica pura. Pero decir eso es como hablar del espíritu sin el cuerpo. No se puede sentir, no se puede ver. Allí donde se encarne el espíritu, tú sientes el espíritu *a través* del cuerpo. Claro que el espíritu no es el cuerpo, pero tú lo sientes por medio del cuerpo. Toda técnica no es más que un cuerpo, y el testimonio es el alma. Se puede hablar del testimonio independiente de todo cuerpo, de toda materia; entonces se vuelve abstracto, totalmente abstracto. Así ha estado hablando continuamente Krishnamurti durante medio siglo, pero todo lo que dice es tan puro, tan incorpóreo, que piensas que lo estás comprendiendo, pero esa comprensión no es más que un concepto.

En este mundo no existe nada en forma de espíritu puro. Todo está encarnado. Hacerse testigo es el espíritu de todas las técnicas espirituales, y todas las técnicas son cuerpos, diferentes cuerpos.

Así que primero debemos entender lo que es ser testigo, y después podremos entender cómo ser testigo por medio de algunos cuerpos, de algunas técnicas.

Sabemos pensar, y hay que empezar por pensar para saber lo que significa ser testigo, porque hay que empezar por algo que uno conozca. Sabemos pensar... pensar significa tener juicio, ves algo y lo juzgas. Ves una flor y dices que es bonita o que no lo es. Oyes una canción y te gusta o no te gusta. Las cosas te gustan o te disgustan. Pensar es juzgar; en cuanto empiezas a pensar, has empezado a juzgar.

Pensar es evaluar. No se puede pensar sin evaluar. ¿Cómo puedes pensar en una flor sin evaluarla? En cuanto empiezas a pensar, decides si es bonita o no. Tendrás que usar alguna clasificación, porque pensar es clasificar. En cuanto tienes clasificada una cosa —cuando la has etiquetado le has puesto nombre—, has pensado en ella.

Es imposible pensar si no vas a juzgar. Si no vas a juzgar, puedes mantenerte consciente... pero no puedes pensar.

Aquí hay una flor, y yo te digo: «Mírala, pero no pienses. Ve la flor, pero no pienses.» ¿Qué puedes hacer? Si no se te permite pensar, ¿qué puedes hacer? Solo puedes ser testigo; solo puedes estar consciente. Solo puedes tomar conciencia de la flor. Puedes afrontar el hecho: la flor está ahí. Ahora puedes encontrarte con ella. Si no se te permite pensar, no puedes decir: «Es bonita, no es bonita, la conozco...», ni «es muy rara, no la había visto nunca». No puedes decir nada. No se pueden utilizar palabras porque cada palabra tiene un valor. Cada palabra es un juicio. El lenguaje está cargado de juicios; el lenguaje no puede nunca ser imparcial. En cuanto utilizas una palabra, has juzgado.

Así que no puedes utilizar el lenguaje, no puedes verbalizar. Si yo digo «Esto es una flor, mírala, pero no pienses», la verbalización no está permitida. Entonces, ¿qué puedes hacer? Solo puedes ser testigo. Si estás ahí sin pensar, solo delante de algo, eso es ser testigo. Ser testigo, pues, es una conciencia pasiva. Recuerda: pasiva. El pensamiento es activo, estás haciendo algo. Veas lo que veas, estás haciendo algo con ello. No eres solo pasivo, no eres como un espejo; estás haciendo algo. Y en cuanto haces algo, has cambiado la cosa.

> Pensar es imposible si no vas a juzgar. Si no vas a juzgar, puedes mantenerte consciente... pero no puedes pensar.

Veo una flor y digo: «¡Qué bonita!» Ya la he cambiado. He impuesto algo a la flor. Ahora, sea la flor que sea, para mí es una flor más mi sensación de que es bonita. Ahora la flor está muy lejos; entre la flor y yo se interpone mi sentido del juicio, mi evaluación de que es bonita. Ahora la flor ya no es la misma para mí, ha cambiado de cualidad. He penetrado en ella, mi juicio ha penetrado en el hecho. Ahora es más una ficción y menos un hecho.

Esta sensación de que la flor es bonita no pertenece a la flor, me pertenece a mí. He penetrado en el hecho. Ahora el hecho ya no es virgen. Lo he corrompido. Mi mente ha entrado a formar parte de él. En realidad, decir que mi mente ha entrado a formar parte de él equivale a decir que mi pasado ha entrado a formar parte de él, porque cuando digo «esta flor es bonita», significa que la he juzgado por medio de mis conocimientos pasados. ¿Cómo puedes decir que esta flor es bonita? Tus experiencias del pasado, tus conceptos del pasado, te dicen que una cosa así es bonita... la has juzgado de acuerdo con tu pasado.

La mente equivale a tu pasado, tus recuerdos. El pasado se ha impuesto al presente. Has destruido un hecho virgen; ahora está distorsionado. Ahora ya no hay flor; la flor como realidad en sí misma ya no está ahí. La has corrompido, la has destruido. Tu pasado se ha interpuesto. La has interpretado... eso es pensar. Pensar significa imponer el pasado a un hecho presente.

> Pensar significa imponer tu pasado en el presente. Ser testigo significa que no hay pasado, solo presente; nada de imponer el pasado.

Por eso pensar nunca puede llevarte a la verdad... porque la verdad es virgen y hay que afrontarla en toda su virginidad. En cuanto metes en ella tu pasado, la estás destruyendo. Se convierte en una interpretación, no en una asimilación del hecho. La has perturbado; se ha perdido la pureza.

Pensar significa imponer tu pasado en el presente. Ser testigo significa que no hay pasado, solo presente; nada de imponer el pasado.

Ser testigo es algo pasivo. No estás haciendo nada... solo eres. Simplemente, estás ahí. Solo tú estás presente. La flor está presente, tú estás presente... entonces existe una relación de testimonio. Cuando la flor está presente y todo tu pasado está presente, y no tú, entonces hay una relación de pensamiento.

Empecemos por el principio. ¿Qué es pensar? Es traer la mente al presente. Y entonces, te pierdes el presente... ¡te lo has perdido por completo! En cuanto el pasado penetra en el presente, te lo has perdido. Cuando dices: «esta flor es bonita», la flor se ha convertido en pasado. Cuando dices: «la flor es bonita», es una experiencia pasada. Has conocido y has juzgado.

Cuando la flor está ahí y tú estás ahí, ni siquiera es posible decir que la flor es bonita. No puedes hacer ningún juicio sobre el presente. Todo juicio, toda afirmación, pertenece al pasado. Si yo digo: «te amo», se ha convertido en una cosa del pasado. Si digo: «esta flor es bonita», he sentido, he juzgado... se ha convertido en pasado.

Ser testigo es siempre presente, nunca pasado. Pensar es siempre pasado. Pensar es algo muerto, ser testigo es algo vivo. Veamos la siguiente diferencia: en primer lugar, pensar es activo, es hacer algo. Ser testigo es pasivo, es no hacer nada, solo ser. Pensar es siempre lo pasado, lo muerto, yo que ya pasó, lo que ya no existe. Ser testigo es siempre el presente, lo que es.

Así pues, si sigues pensando, nunca podrás saber lo que es ser testigo. Detenerse, dejar de pensar, es el primer paso para hacerse testigo. Dejar de pensar es ser testigo.

¿Y qué hay que hacer? Porque pensar es un hábito muy arraigado en nosotros. Se ha convertido en una cosa mecánica, de robots. Ya no es que *tú* pienses; ya no es decisión tuya, es un hábito mecánico... no puedes hacer otra cosa. En cuanto aparece la flor, empieza el pensamiento. No tenemos experiencias no verbales; solo los niños pequeños las tienen. La experiencia no verbal es la experiencia *verdadera*. La verbalización es huir de la experiencia.

Cuando digo «la flor es bonita», la flor desaparece para mí. Ahora lo que me interesa es mi mente, no la flor. Ahora tengo en la mente la imagen de la flor, no la flor misma. Ahora la flor es una imagen en la mente, un pensamiento en la mente, y ahora puedo compararla con mis experiencias pasadas y juzgar. Pero la flor ya no está ahí.

Cuando verbalizas, te cierras a la experiencia. Cuando estás consciente de manera no verbal, estás abierto, vulnerable. Ser testigo significa abrirse constantemente a la experiencia, no cerrarse.

¿Qué hacer? Hay que romper de algún modo este hábito mecánico que llamamos pensar. Hagas lo que hagas, procura hacerlo no verbalmente. Es difícil, es duro, y al principio parece absolutamente imposible, pero no lo es. No es imposible, solo es difícil. Si vas andando por la calle... camina no verbalmente. Solo camina, aunque sea tan solo durante unos segundos, y tendrás un vislumbre de un mundo diferente, un mundo no verbal, el mundo real, no el mundo de la mente que el hombre ha creado dentro de sí mismo.

Si estás comiendo... come no verbalmente. Alguien le preguntó a Bokuju, un gran maestro zen: «¿Cuál es tu camino, cuál es tu método?»

Y Bokuju dijo: «Mi método es muy simple: cuando tengo hambre, como; cuando tengo sueño, duermo... y eso es todo.»

El hombre quedó desconcertado y dijo:

—¿Qué dices? Yo también como y también duermo, y todo el mundo hace lo mismo. ¿Qué tiene eso para que lo llames un camino?

Y Bokuju dijo:

—Cuando tú comes, estás haciendo muchas cosas, no solo comer. Y cuando duermes, estás haciendo de todo menos dormir. Pero cuando yo como, simplemente como; cuando duermo, simplemente duermo. Todos mis actos son totales.

Todos los actos se vuelven totales cuando dejas de ser verbal. Así que intenta comer sin ninguna verbalización en la mente, sin ningún pensamiento en la mente. Solo come... y entonces comer se convierte en meditación, porque cuando dejas de ser verbal te conviertes en testigo.

Si eres verbal, te conviertes en un pensador. Si no eres verbal, no puedes hacer nada por evitarlo: te conviertes automáticamente en testigo. Así que intenta hacerlo todo no verbalmente: camina, come, date un baño o siéntate en silencio. Después, simplemente siéntate; y después *sé* «una sentada». No pienses. Entonces, hasta estar sentado se puede convertir en meditación; el simple andar se puede convertir en meditación.

Otra persona le pidió a Bokuju: «Dame alguna técnica de meditación.»

Bokuju dijo: «Puedo darte una técnica, pero no serás capaz de meditar... porque puedes practicar una técnica con una mente verbalizadora.» Puedes pasar los dedos por un rosario y seguir pensando al mismo tiempo. Si tus dedos se limitan a moverse por el rosario sin pensar, se convierte en meditación. Así pues, en realidad no se necesita ninguna técnica. Todo en la vida es una técnica. Por eso Bokuju dijo: «Sería mejor que te quedaras a mi lado y me miraras. No preguntes por un método, solo mírame y llegarás a saber.»

El pobre hombre le observó durante siete días. Cada vez estaba más perplejo. Al cabo de los siete días, dijo:

—Cuando llegué, estaba menos confuso. Ahora estoy más confuso. Te he mirado constantemente durante siete días. ¿Qué es lo que tengo que mirar?

Y Bokuju dijo:

—Entonces es que no has mirado. Cuando ando... ¿has visto? Simplemente ando. Cuando me traes té por la mañana, ¿has mirado bien? Simplemente cojo el té y me lo bebo. Es solo beber. No hay Bokuju, solo beber. No hay Bokuju, solo tomar té. ¿Has mirado bien? Si has mirado, tienes que haber notado que Bokuju ya no existe.

Este es un aspecto muy sutil. Porque si el pensador está ahí, ahí está el ego. Y entonces eres Bokuju o algún otro. Pero si solo hay acción sin nada de verbalización, sin pensamiento, no hay ego. Por eso Bokuju dice: «¿Has mirado de verdad? Entonces no había Bokuju: solo beber té, pasear por el jardín, cavar un hoyo en la tierra.»

Por eso Buda ha dicho que no hay alma. Como no has mirado bien, sigues pensando constantemente que tienes un alma. ¡Tú no existes! Si eres testigo, no existes. El «yo» se forma por medio de pensamientos.

Una cosa más: los pensamientos acumulados, los recuerdos amontonados, crean la sensación de ego, de que *eres*.

Intenta este experimento: deslígate de todo tu pasado. No tienes ningún recuerdo. No sabes quiénes son tus padres, no sabes a quién perteneces: a qué país, a qué religión, a qué raza. No sabes dónde te educaron, ni si recibiste educación o no. Corta con todo tu pasado... y recuerda quién eres.

¡No puedes recordar quién eres! Evidentemente, eres. Eres, pero ¿quién? En ese momento no puedes sentir un «yo».

El ego no es más que pasado acumulado. El ego es tu pensamiento condensado, cristalizado.

Por eso Bokuju dice: «Si me has mirado bien, yo no estaba. Había beber té, pero no bebedor. Había pasear en el jardín, pero no paseante. Había acción, pero no actor.»

Cuando se es testigo, no hay sensación de «yo». Al pensar sí la hay. No es simple coincidencia que los llamados pensadores estén tan profundamente enraizados en sus egos. Artistas, pensadores, filósofos, personas ilustradas... no es coincidencia que sean tan egoístas. Cuantos más pensamientos tengas, mayor ego tendrás.

Cuando se es testigo, no hay ego. Pero esto solo ocurre si se consigue trascender el lenguaje. El lenguaje es la barrera. El lenguaje es necesario para comunicarse con otros; no es necesario para comunicarse con uno mismo. Es un instrumento útil... podría decirse que el instrumento más útil. El hombre ha podido crear una sociedad, un mundo, solo gracias al lenguaje. Pero a causa del lenguaje, el hombre se ha olvidado de sí mismo.

El lenguaje es nuestro mundo. Si el hombre olvida su lenguaje,

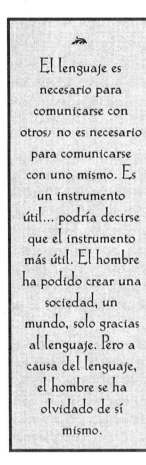

El lenguaje es necesario para comunicarse con otros; no es necesario para comunicarse con uno mismo. Es un instrumento útil... podría decirse que el instrumento más útil. El hombre ha podido crear una sociedad, un mundo, solo gracias al lenguaje. Pero a causa del lenguaje, el hombre se ha olvidado de sí mismo.

aunque solo sea por un instante, ¿qué le queda? La cultura, la sociedad, el hinduismo, el cristianismo, el comunismo... ¿qué queda? No queda nada. Con solo suprimir el lenguaje, desaparece toda la humanidad con su cultura, su civilización, su ciencia, su religión, su filosofía.

El lenguaje es comunicación con los otros; es la única comunicación. Es útil, pero peligroso. Siempre que un instrumento es útil, es también peligroso en la misma proporción. El peligro está en que cuanto más se sumerge la mente en el lenguaje, más se aleja del centro. Por eso se necesita un equilibrio sutil y un dominio sutil para ser capaz de penetrar en el lenguaje y ser también capaz de abandonar el lenguaje, de salir del lenguaje.

Ser testigo significa salirse del lenguaje, de la verbalización, de la mente.

Ser testigo significa un estado sin mente, sin pensamiento.

¡Inténtalo! Será un esfuerzo largo, y no hay nada garantizado... pero inténtalo, y con el esfuerzo lograrás algunos momentos en los que el lenguaje desaparece de pronto. Y entonces se abre una nueva dimensión. Te haces consciente de un mundo diferente: el mundo de la simultaneidad, el mundo del aquí y ahora, el mundo sin mente, el mundo de la realidad.

El lenguaje debe evaporarse. Intenta hacer actos corrientes, movimientos corporales, sin lenguaje. Buda utilizaba esta técnica para observar la respiración. Les decía a sus discípulos: «Seguid observando vuestra respiración. No hagáis nada más que observar el aliento que entra, el aliento que sale, el aliento que entra, el aliento que sale...» Pero no se trata de decirlo así, hay que sentirlo: el aliento que entra, sin palabras. Siente el aliento que entra, muévete con el aliento, deja que tu conciencia se sumerja junto con el aliento. Y después, muévete hacia fuera, sigue moviéndote con tu aliento. ¡Mantente alerta!

Se dice que Buda dijo: «No te pierdas ni una sola respiración. Si fisiológicamente perdieras una sola respiración, morirías, y si tu conciencia pierde una sola respiración, te alejarás del centro, estarás muerto por dentro.» Por eso Buda decía: «La respiración es imprescindible para la vida del cuerpo, y la conciencia de la respiración es imprescindible para la vida del centro interior.»

Respira, sé consciente. Y si estás intentando ser consciente de tu respiración, no puedes pensar, porque la mente no puede hacer dos cosas al mismo tiempo: pensar y ser testigo. El fenómeno de ser testigo, en sí mismo, es absoluta y diametralmente opuesto al pensamiento, así que no puedes hacer las dos cosas a la vez. Así como no puedes estar vivo y muerto a la vez, ni dormido y despierto a la vez, no puedes pensar y ser testigo a la vez. Si eres testigo de algo, el pensamiento se detiene. Si aparece el pensamiento, desaparece el testigo.

> Así como no puedes estar vivo y muerto a la vez, ni dormido y despierto a la vez, no puedes pensar y ser testigo a la vez. Si eres testigo de algo, el pensamiento se detiene. Si aparece el pensamiento, desaparece el testigo.

Ser testigo es una conciencia pasiva, sin acción en su interior. La conciencia misma no es una acción.

Un día, el mulá Nasruddin estaba muy preocupado, sumido en profundas reflexiones. Cualquiera que le mirara a la cara se daba cuenta de que estaba perdido en sus pensamientos, muy tenso, angustiado. Su mujer empezó a alarmarse y le preguntó:

—¿Qué estás haciendo, Nasruddin? ¿En qué estás pensando? ¿Qué problema tienes, por qué estás tan preocupado?

El mulá abrió los ojos y dijo:

—Este es el problema definitivo. Estoy pensando en cómo sabe uno que se ha muerto. ¿Cómo sabe uno que está muerto? Si yo me muero, ¿cómo reconoceré que estoy muerto? Porque yo no conozco la muerte. Reconocer significa que has conocido antes algo.

»Te veo a ti y reconozco que eres A, o B, o C, porque te conozco de antes. La muerte no la he conocido —siguió diciendo el mulá—, y cuando llegue, ¿cómo voy a reconocerla? Ese es el problema y me tiene muy preocupado. Y cuando esté muerto no podré preguntarle a nadie, así que también esa puerta está cerrada. No puedo consultar ninguna escritura, ningún maestro puede ayudarme.

La mujer se echó a reír y dijo:

—Te preocupas sin necesidad. Cuando llega la muerte, uno lo sabe al instante. Cuando te llegue la muerte, lo sabrás porque te pondrás frío, frío como el hielo.

El mulá se sintió aliviado. Ya tenía una señal, una clave.

Dos o tres meses después, Nasruddin estaba cortando leña en el bosque. Era una mañana de invierno y todo estaba muy frío. De pronto se acordó y sintió que sus manos estaban frías. Se dijo: «Vaya. Se acerca la muerte y estoy tan lejos de casa que no voy a poder avisar a nadie. ¿Qué hago ahora? Se me olvidó preguntarle eso a mi mujer. Me dijo cómo me iba a sentir, pero ¿qué debe hacer uno cuando se le acerca la muerte? Por aquí no hay nadie, y todo está igual de frío.»

Entonces recordó que había visto a muchas personas muertas y pensó: «Lo mejor será echarse.» Era lo único que había visto hacer a los muertos, así que se tumbó en el suelo. Como es natural, cada vez iba estando más y más frío... sentía la muerte encima de él. Su burro estaba descansando a un lado, bajo un árbol. Llegaron dos lobos y, creyendo que el mulá estaba muerto, atacaron al burro. El mulá abrió los ojos, lo vio y pensó: «Los muertos no pueden hacer nada. Si estuviera vivo, lobos, no os habríais podido tomar esas libertades con mi burro. Pero ahora no puedo hacer nada. No se sabe de ningún muerto que haya hecho algo. Solo puedo ser testigo.»

Si mueres para tu pasado, si quedas totalmente muerto para él, entonces solo puedes ser testigo. ¿Qué otra cosa podrías hacer? Ser testigo significa morir para tu pasado: tus recuerdos, tus pensamientos, todo. Entonces, en el momento presente, ¿qué puedes hacer? Solo puedes ser testigo. No es posible emitir ningún juicio... solo se puede juzgar con respecto a experiencias pasadas. No es posible ninguna evaluación: solo se puede evaluar con referencia a evaluaciones pasadas. No es posible pensar: solo se puede pensar si el pasado está ahí y lo traes al presente. Así pues, ¿qué puedes hacer? Puedes ser testigo.

En la antigua literatura sánscrita, al maestro se le define como la muerte: *acharya mrityuh*. En el Katha Upanishad, Nachiketa es enviado a Yama, el dios de la muerte, para aprender de él. Y cuando Yama, el dios de la muerte, le ofrece a Nachiketa multitud de tentaciones —«Toma esto, toma el reino, toma toda esta riqueza, todos estos caballos, todos estos elefantes, esto y lo otro», una larga lista de cosas—, Nachiketa dice: «He venido a aprender lo que es la muerte, porque si no sé qué es la muerte, no podré saber qué es la vida.»

En la antigüedad se consideraba que un maestro era una persona capaz de convertirse en la muerte para el discípulo: una persona que te puede ayudar a morir para que puedas renacer. Nicodemo le preguntó a Jesús: «¿Cómo puedo alcanzar el Reino de Dios?» Jesús respondió: «Nada se puede alcanzar si no mueres antes. Nada se puede alcanzar si no renaces.»

Y este renacer no es un suceso aislado, es un proceso continuo. Uno tiene que renacer en cada momento. No es que renazcas de una vez y ya está, asunto concluido. La vida es un nacimiento continuo, y la muerte también es continua. Hay que morir una vez porque no has vivido en absoluto. Si estás vivo, tienes que morir en cada momento. Morir en cada momento para el pasado, comoquiera que haya sido, un paraíso o un infierno. Sea como sea, muere para todo ello, y renace nuevo y joven para el momento presente. Y ahora sé testigo... y solo puedes ser testigo si eres nuevo.

Tensión y relajación

~

H AY QUE tener clara una cosa. Los hipnotizadores han descubierto una ley fundamental, a la que llaman Ley del Efecto Inverso. Si tratas de hacer algo sin comprender los fundamentos, el resultado será justo lo contrario.

Es como cuando estás aprendiendo a montar en bicicleta. Vas por una carretera silenciosa, sin tráfico, a primera hora de la mañana, y ves un mojón rojo plantado al borde de la carretera. Una carretera de veinte metros de anchura y solo un pequeño mojón, y te entra miedo: podrías ir derecho hacia el mojón y chocar con él. Entonces te olvidas de la carretera de veinte metros de anchura. De hecho, aunque fueras con los ojos vendados, habría muy pocas probabilidades de que tropezaras con el mojón; pero ahora, con los ojos abiertos, te olvidas de toda la carretera; tu atención ha quedado enfocada. Para empezar, el rojo llama mucho la atención. ¡Y qué miedo te da! Quieres evitarlo. Te has olvidado de que vas en bicicleta, te has olvidado de todo. Ahora, para ti el único problema es cómo evitar esa piedra; si no lo consigues, puedes hacerte daño, puedes chocar con ella.

En estas condiciones, el choque es absolutamente inevitable. Vas a chocar con la piedra. Y después te sorprenderás: «Con lo que me esforcé por evitarla.» Lo cierto es que chocaste con la piedra *por haberte esforzado tanto.* Cuanto más te acercabas, más te esforzabas por evitarla; pero cuanto más te esforzabas, más se centraba tu atención en ella. Esto se convierte en una fuerza hipnótica, te hipnotiza. Llega a ser como un imán.

Es una ley muy fundamental de la vida. Mucha gente se esfuerza por evitar muchas cosas, y cae en esas mismas cosas. Intenta evitar algo con mucho esfuerzo, y acabarás cayendo en la misma trampa. No puedes evitarlo; esa no es la manera de evitarlo.

Relájate. No te esfuerces tanto, porque solo puedes hacerte consciente mediante la relajación, no con el esfuerzo. Mantente tranquilo, callado, en calma.

¿Qué es la tensión? Es tu identificación con toda clase de pensamientos y miedos: la muerte, la ruina, la devaluación del dólar, toda clase de miedos. Esas son tus tensiones, y también afectan a tu cuerpo. Tu cuerpo también se pone tenso, porque el cuerpo y la mente no son dos entidades separadas. El cuerpo-mente es un único sistema, así que cuando la mente se pone tensa, el cuerpo también se pone tenso.

> ¿Qué es la tensión? Es tu identificación con toda clase de pensamientos y miedos: la muerte, la ruina, la devaluación del dólar, toda clase de miedos. Esas son tus tensiones, y también afectan a tu cuerpo.

Puedes empezar por la conciencia. Entonces la conciencia te aleja de la mente y de las identificaciones con la mente. Como es natural, el cuerpo empieza a relajarse. Ya no estás atado, y a la luz de la conciencia no pueden existir tensiones.

También puedes empezar por el otro extremo. Simplemente, relájate, afloja todas las tensiones... y a medida que te relajas notarás con sorpresa que en ti emerge una cierta conciencia. Son inseparables. Pero es más fácil empezar por la conciencia; empezar por la relajación es un poco difícil, porque incluso el esfuerzo por relajarse crea una cierta tensión.

Existe un libro norteamericano (si quieres encontrar toda clase de libros estúpidos, Estados Unidos es el sitio adecuado). En cuanto vi el título del libro, me costó creerlo. El título es *You Must Relax (Debes relajarte)*. Pero si hay un «debes», ¿cómo vas a poder relajarte? El «debes» te pondrá tenso; la palabra misma crea tensión inmediatamente. El «debes» llega como un mandamiento de Dios. Es posible que la persona que escribió el libro no sepa nada de relajación y no sepa nada de las complejidades de la relajación.

En Oriente nunca hemos comenzado la meditación a partir de la relajación; hemos comenzado la meditación a partir de la conciencia. Entonces la relajación llega por sí sola, no hay que traerla. Si tienes que traerla, habrá cierta tensión. Debe venir por sí sola; solo entonces será relajación pura. Y viene.

Si quieres, puedes intentarlo a partir de la relajación, pero no como dicen los consejeros norteamericanos. En cuestión de experiencia del mundo interior, Estados Unidos es el lugar más infantil de la Tierra. Europa es un poco más antigua... pero Oriente ha vivido durante miles de años en busca de su ser interior.

Estados Unidos solo tiene trescientos años de edad. En la vida de una nación, trescientos años no son nada. Por eso, Estados Unidos es el mayor peligro para el mundo. Armas nucleares en manos de niños... Rusia se comportaría de un modo más racional; es un país antiguo y tiene todas las experiencias de una larga historia. En Norteamérica no hay historia. Todo el mundo conoce el nombre de su padre, el apellido de sus antepasados y nada más. Ahí termina tu árbol genealógico.

> A medida que te relajas notarás con sorpresa que en ti emerge una cierta conciencia. Son inseparables. Pero es más fácil empezar por la conciencia; empezar por la relajación es un poco difícil, porque incluso el esfuerzo por relajarse crea una cierta tensión.

Estados Unidos no es más que un bebé: ni siquiera un bebé, está aún en el seno materno. Comparada con sociedades como India y China, acaba de ser concebida. Es peligroso dar armas nucleares a esa gente.

Hay problemas políticos, religiosos, sociales, económicos, y todos te torturan. Empezar por la relajación es difícil; por eso en Oriente nunca hemos empezado por la relajación. Pero si quieres hacerlo, tengo cierta idea de cómo empezar. He trabajado con personas occidentales y he adquirido conciencia del hecho de que no pertenecen a Oriente y no conocen la corriente oriental de conciencia; proceden de una tradición diferente, que nunca ha conocido conciencia alguna.

Especialmente para los occidentales, he creado sistemas de meditación como la Meditación Dinámica[1]. Cuando dirigía campamentos de meditación, utilizaba el *gibberish* (la cháchara meditativa) y la Meditación Kundalini. Si quieres empezar por la relajación, hay que hacer primero estas meditaciones. Eliminarán todas las tensiones de tu mente y tu cuerpo, y entonces la relajación es muy fácil. No sabes la cantidad de cosas que estás reprimiendo, y esa es la causa de la tensión.

Cuando permitía el *gibberish* en los campamentos de las montañas... es difícil hacerlo en las ciudades porque los vecinos empiezan a enloquecer. Comienzan a telefonear a la policía y a decir: «¡Están destruyendo toda nuestra vida!» No saben que si participaran en sus propias casas, sus vidas saldrían de la locura en la que están viviendo. Pero ni siquiera se dan cuenta de su locura.

El *gibberish* consiste en permitir que todos digan en voz alta lo que se les pase por la cabeza. Era tan gozoso oír lo que decía la gente: irrelevante, absurdo... porque yo era el único testigo. La gente hacía toda clase de cosas, y la única condición era no tocar a los demás. Uno se ponía de cabeza, otro se quitaba la ropa y se quedaba desnudo, y se pasaba la hora entera corriendo...

Un hombre se sentaba todos los días delante de mí —debía de ser un corredor de Bolsa o algo parecido— y en cuanto empezaba la meditación sonreía, solo de pensar en lo que iba a hacer. Entonces sacaba su teléfono: «Oiga, oiga»... y me seguía mirando por el rabillo del ojo. Yo evitaba mirarlo para no perturbar su meditación. Él vendía sus acciones y compraba otras... se pasaba la hora entera al teléfono.

---

[1] *Meditation First & Last Freedom.*

Todos hacían las cosas raras que habían estado reprimiendo. Cuando la meditación terminaba, había diez minutos de relajación y se podía ver que en esos diez minutos la gente se desplomaba... sin hacer ningún esfuerzo, porque estaba totalmente agotada. Había estado echando fuera toda la basura, de modo que ahora tenía una cierta limpieza y se relajaba. Miles de personas... y ni siquiera podías pensar en que allí había mil personas.

La gente venía a decirme: «Prolonga esos diez minutos, porque nunca en la vida habíamos sentido tal relajación, tal alegría. Nunca habíamos pensado que pudiéramos entender lo que es la conciencia, pero aquí la hemos sentido venir.»

Así pues, si quieres empezar por la relajación, primero tienes que pasar por un período catártico: Meditación Dinámica, Meditación Kundalini o *gibberish*.

Tal vez no sepáis de dónde procede esta técnica del *gibberish*; se debe a un místico sufí que se llamaba Jabbar, y esta era su única forma de meditación. Cuando alguien acudía a él, le decía: «Siéntate y empieza», y la gente sabía a qué se refería. Él nunca hablaba, nunca pronunciaba discursos; simplemente, enseñaba a la gente a parlotear.

Por ejemplo, de vez en cuando hacía una demostración. Durante media hora decía toda clase de tonterías en no se sabe qué idioma. No era un idioma; se dedicaba a decirle a la gente cualquier cosa que se le pasara por la cabeza. Esta era su única enseñanza. Y a los que la comprendían les decía simplemente: «Siéntate y empieza.»

Pero Jabbar ayudó a mucha gente a permanecer en completo silencio. ¿Cuánto tiempo puedes aguantar? La mente se queda vacía. Poco a poco, poco a poco, una profunda nada... y en esa nada, una llama de conciencia. Está siempre presente, rodeada por tu parloteo. Ese parloteo hay que echarlo fuera; es tu veneno.

Lo mismo ocurre con el cuerpo: tu cuerpo tiene tensiones. Empieza a hacer cualquier movimiento que el cuerpo quiera hacer. Sin manipularlos. Si el cuerpo quiere bailar, si quiere andar, si quiere correr, si quiere rodar por el suelo... tú no debes *hacerlo*, solo tienes que permitirlo. Dile al cuerpo: «Eres libre, haz lo que te venga en gana»... y te llevarás una sorpresa. «¡Dios mío! La de cosas que el cuerpo quería hacer y yo reprimía, y esa era la tensión.»

Así pues, hay dos tipos de tensión, las tensiones corporales y las tensiones mentales. Las dos tienen que liberarse antes de empezar la relajación que te llevará a la conciencia.

> Existen dos tipos de tensión, las tensiones corporales y las tensiones mentales. Las dos tienen que liberarse antes de empezar la relajación que te llevará a la conciencia. Pero empezar por la conciencia es mucho más fácil, sobre todo para los que pueden comprender el proceso.

Pero empezar por la conciencia es mucho más fácil, sobre todo para los que pueden comprender el proceso de la conciencia, que es muy sencillo. Lo estás utilizando todo el día con las cosas: en el coche, en el tráfico... ¡sobrevives incluso en el tráfico urbano! Y es una absoluta locura.

Hace unos días, leí una noticia de Atenas. Las autoridades habían organizado una competición de siete días para taxistas, con trofeos de oro para los tres conductores que mejor cumplieran las normas de tráfico. ¡Pero en toda Atenas no habían encontrado una sola persona que las cumpliera! La policía empezaba a preocuparse; casi habían concluido los siete días, y el último día querían encontrar como fuera tres conductores... Aunque no fueran perfectos, había que entregar los premios.

Encontraron un hombre que seguía con exactitud las reglas de tráfico y se pusieron muy contentos. Corrieron hacia él con el trofeo, pero al ver venir a la policía, el hombre se saltó un semáforo en rojo. No quería meterse en líos sin necesidad. La policía le gritaba «¡Espere!», pero él no hizo caso, se saltó el semáforo y desapareció a toda prisa. Lo intentaron con otras dos personas, pero nadie se detenía al ver a la policía. Y así, tras haberlo intentado durante siete días, los tres premios siguen en la jefatura de policía, y Atenas sigue adelante, tan alegremente como de costumbre.

Estás utilizando la conciencia sin ser consciente de ello, pero solo con cosas exteriores.

Es la misma conciencia que tienes que utilizar para el tráfico interior. Cuando cierras los ojos, hay un tráfico de pensamientos, emociones, sueños, imaginaciones. Toda clase de cosas que pasan a toda velocidad. Haz con el mundo interior exactamente lo mismo que has estado haciendo en el mundo exterior y te convertirás en un testigo. Y cuando lo has probado, el gozo de ser testigo es tan grande, tan sobrenatural, que quieres profundizar más y más en él. Querrás experimentarlo cada vez que tengas tiempo para ello.

No es cuestión de adoptar una postura; no es cuestión de acudir a un templo, una iglesia o una sinagoga. Cuando estés sentado en un autobús o en un tren, cuando no tengas nada que hacer, simplemente cierra los ojos. Evitarás que se te cansen los ojos de tanto mirar hacia fuera, y te dará tiempo suficiente para mirarte a ti mismo. Esos momentos se convertirán en las más bellas experiencias.

> Cuando estés sentado en un autobús o en un tren, cuando no tengas nada que hacer, simplemente cierra los ojos. Evitarás que se te cansen los ojos de tanto mirar hacia fuera, y te dará tiempo suficiente para mirarte a ti mismo.

Y poco a poco, poco a poco, a medida que crece la conciencia, toda tu personalidad empieza a cambiar. El salto cuántico más grande es el que va desde la inconsciencia a la conciencia.

Mente y meditación

CUANDO LA mente no tiene pensamientos, eso es meditación. La mente se queda sin pensamientos en dos estados: el sueño profundo y la meditación. Si te haces consciente y tus pensamientos desaparecen, es meditación; si los pensamientos desaparecen y quedas inconsciente, es sueño profundo.

> El sueño profundo y la meditación tienen algo en común y algo diferente. Una cosa es similar: en los dos estados, el pensamiento desaparece. Una cosa es diferente: en el sueño profundo, también desaparece la conciencia, mientras que en la meditación permanece.

El sueño profundo y la meditación tienen algo en común y algo diferente. Una cosa es similar: en los dos estados, el pensamiento desaparece. Una cosa es diferente: en el sueño profundo, también desaparece la conciencia, mientras que en la meditación permanece. Así pues, la meditación es igual que el sueño profundo, pero con conciencia. Estás relajado, como en el sueño profundo, pero estás consciente, completamente despierto... y eso te lleva hasta la puerta de los misterios.

En el sueño profundo pasas a un estado de no-mente, pero sin conciencia. No sabes dónde te están llevando, aunque por la mañana sentirás el impacto y el efecto. Si de verdad ha sido un sueño profundo y hermoso, sin ensoñaciones que te perturben, por la mañana te sentirás fresco, renovado, vivo, rejuvenecido, otra vez lleno de entusiasmo y energía. Pero no sabes cómo ha ocurrido, adónde has ido. Entraste en una especie de coma profundo, como si te hubieran administrado un anestésico, y fuiste transportado a otro plano, del que regresas fresco, joven, rejuvenecido.

En la meditación, eso sucede sin anestesia.

Así pues, meditación significa permanecer tan relajado como cuando estás profundamente dormido, pero manteniéndote alerta. Mantén la conciencia... deja que desaparezcan los pensamientos, pero la conciencia debe mantenerse. Y esto no resulta difícil; lo que pasa es que nunca lo has intentado, eso es todo. Es como nadar; si no lo has intentado, parece muy difícil. Incluso parece peligroso, y te parece increíble que la gente pueda nadar, porque tú te ahogarías. Pero cuando lo intentas un poquito, se te hace fácil; es muy natural.

Hace poco, un científico japonés ha demostrado experimentalmente que un bebé de seis meses es capaz de nadar; solo hay que darle la oportunidad. Ha enseñado a nadar a muchos niños de seis meses de edad. ¡Ha hecho un milagro! Y dice que lo va a intentar con niños aún más pequeños. Es como si el arte de nadar fuera innato; no hay más que darle una oportunidad y empieza a funcionar. Por eso, cuando has aprendido a nadar, no lo olvidas nunca. Puedes pasarte cuarenta o cincuenta años sin nadar, pero no lo olvidas. No es una cosa accidental, es algo natural; por eso no puedes olvidarlo.

La meditación es algo similar: es algo innato. Solo tienes que

> Meditación significa permanecer tan relajado como cuando estás profundamente dormido, pero manteniéndote alerta. Mantén la conciencia... deja que desaparezcan los pensamientos, pero la conciencia debe mantenerse. Y esto no resulta difícil, lo que pasa es que nunca lo has intentado, eso es todo.

crear un espacio para que funcione: solo tienes que darle una oportunidad.

¿QUÉ ES LA MENTE? La mente no es una cosa, sino un suceso. Una cosa tiene sustancia, un suceso es solo un proceso. Una cosa es como una roca, un suceso es como una ola. Existe, pero no tiene sustancia. Es solo algo que ocurre entre el viento y el mar, un proceso, un fenómeno.

Esto es lo primero que hay que entender, que la mente es un proceso como una ola o como un río, pero que no tiene sustancia. Si tuviera sustancia, no se podría disolver. Como no tiene sustancia, puede desaparecer sin dejar la menor huella.

> La meditación es algo innato. Solo tienes que crear un espacio para que funcione: solo tienes que darle una oportunidad.

Cuando una ola desaparece en el océano, ¿qué queda? Nada, ni siquiera una huella. Por eso los que saben dicen que la mente es como un pájaro que vuela hacia el cielo: no deja pisadas, no deja ninguna huella. El pájaro vuela, pero no deja rastro ni huellas.

La mente es solo un proceso. De hecho, la mente no existe: solo existen pensamientos, pensamientos que se mueven tan deprisa que a ti te parece y sientes que allí existe algo con continuidad. Viene un pensamiento, y después otro, y otro, y muchos más... hay tan poca separación entre ellos que no puedes percibir el intervalo entre un pensamiento y otro. Y así, dos pensamientos se unen, forman una continuidad, y debido a esa continuidad tú crees que hay una mente.

Existen pensamientos... pero no «mente». Igual que existen electrones, pero no «materia». El pensamiento es el electrón de la mente. Es como una muchedumbre. Una muchedumbre existe en cierto sentido, pero no existe en otro. Solo existen individuos, pero muchos individuos juntos dan la impresión de ser una sola cosa.

Una nación existe, pero no existe... allí solo existen individuos. Los individuos son los electrones de una nación, de una comunidad, de una muchedumbre.

Los pensamientos existen; la mente no existe. La mente es solo apariencia. Y cuando miras hacia las profundidades de la mente, esta desaparece. Quedan pensamientos, pero cuando la «mente» ha desaparecido y solo existen pensamientos individuales, muchas cosas se resuelven al instante. Lo primero de lo que te das cuenta es de que los pensamientos son como nubes: van y vienen, y tú eres el cielo.

> La mente es solo un proceso. De hecho, la mente no existe: solo existen pensamientos, pensamientos que se mueven tan deprisa que a ti te parece y sientes que allí existe algo con continuidad.

Cuando no hay mente, te llega inmediatamente la percepción de que ya no participas en los pensamientos. Los pensamientos están ahí, pasando a través de ti como pasan las nubes a través del cielo, o el viento a través de los árboles. Los pensamientos pasan a través de ti, y pueden pasar porque tú eres un inmenso vacío. No hay impedimentos, no hay obstáculos. No existe ningún muro que les corte el paso; no eres un fenómeno amurallado. Tu cielo está abierto hasta el infinito; los pensamientos van y vienen. Y cuando empiezas a sentir que los pensamientos van y vienen y que tú eres un observador, un testigo, se adquiere dominio sobre la mente.

La mente no se puede controlar en el sentido ordinario. En primer lugar, dado que no existe, ¿cómo vas a poder controlarla? En segundo lugar, ¿quién va a controlar la mente? Porque más allá de la mente no existe nadie... y

> Existen pensamientos... pero no «mente». Igual que existen electrones, pero no «materia». El pensamiento es el electrón de la mente.

cuando digo que no existe nadie, quiero decir que más allá de la mente no existe *nadie*, solo está la nada. ¿Quién va a controlar la mente? Si alguien estuviera controlando la mente, sería solo una parte, un fragmento de la mente controlando otro fragmento de la mente. Eso es el ego.

La mente no se puede controlar de ese modo. No existe, y no hay nadie para controlarla. El vacío interior puede ver, pero no puede controlar. Puede mirar, pero no puede controlar... pero la simple mirada *es el control;* el fenómeno mismo de la observación, de ser testigo, se convierte en maestría porque la mente desaparece.

> Cuando miras hacia las profundidades de la mente, esta desaparece. Quedan pensamientos, pero cuando la «mente» ha desaparecido y solo existen pensamientos individuales, te das cuenta de que los pensamientos son como nubes: van y vienen, y tú eres el cielo.

Es como cuando vas andando en una noche oscura y echas a correr porque tienes miedo de alguien que te sigue. Y ese alguien no es más que tu propia sombra, y cuanto más corras más cerca estará tu sombra. No importa la velocidad a la que corras; la sombra seguirá ahí. Cada vez que te vuelves a mirar, la sombra sigue detrás de ti. Esa no es manera de escapar de ella, ni es la manera de controlarla. Tendrás que pararte a mirar bien la sombra. Quédate quieto y mira al fondo de la sombra, y la sombra desaparece, porque la sombra no existe; es solo una ausencia de luz.

La mente no es nada más que la ausencia de tu presencia. Cuando te sientas en silencio, cuando miras a las profundidades de la mente, la mente simplemente desaparece. Quedan pensamientos, que son existenciales, pero la mente no se ve por ninguna parte.

Pero cuando la mente desaparece, se hace posible una segunda percepción: puedes ver que los pensamientos no son tuyos. Claro que te llegan y a veces se quedan algún tiempo en ti, y después se marchan. Eres una parada en su camino, pero no se originan en ti. ¿Te has fijado alguna vez en que de ti no ha surgido ni un solo pensamiento? Ni un solo pensamiento se ha formado por medio de tu ser; siempre vienen del exterior. No te pertenecen: planean sobre ti sin raíces, sin hogar. A veces se posan en ti, eso es todo, como una nube que se posa en lo alto de una montaña. Y después siguen moviéndose por sí solos; tú no tienes que hacer nada. Si te limitas a observar, adquieres control.

La palabra *control* no es muy adecuada, porque las palabras nunca pueden ser muy adecuadas. Las palabras son cosa de la mente, pertenecen al mundo de los pensamientos. Las palabras no pueden ser muy penetrantes; son poco profundas. La palabra *control* no es buena porque no hay nadie que controle y no hay nadie que sea controlado. Pero a falta de algo mejor, ayuda a entender algo que sucede: cuando miras al fondo, la mente queda controlada; de pronto, te conviertes en el amo y señor. Los pensamientos están ahí, pero ya no te dominan. No pueden hacerte nada, simplemente van y vienen; tú te mantienes intacto, como una flor de loto bajo la lluvia.

> La mente no es nada más que la ausencia de tu presencia. Cuando te sientas en silencio, cuando miras a las profundidades de la mente, la mente simplemente desaparece. Quedan pensamientos, que son existenciales, pero la mente no se ve por ninguna parte.

Las gotas de agua caen sobre los pétalos, pero resbalan sin tan siquiera tocar la flor. El loto se mantiene intacto.

Por eso en Oriente el loto ha adquirido tanta importancia, tanto simbolismo. El principal símbolo surgido de Oriente es el loto. Contiene todo el significado de la conciencia oriental. Dice: «Sé un loto, eso es todo. Mantente intacto y tendrás el control. Mantente intacto y serás el amo.»

Desde cierto punto de vista, la mente es como las olas: una perturbación. Cuando el mar está en calma, tranquilo, sin perturbaciones, no hay olas. Cuando el océano es perturbado por las mareas o por un viento fuerte, cuando se forman olas enormes y toda la superficie es un caos, entonces, desde cierto punto de vista, la mente existe. Todo esto son metáforas para ayudarte a comprender cierta cualidad interior que no se puede explicar con palabras. Estas metáforas son poéticas. Si intentas comprenderlas con simpatía, adquirirás un conocimiento, pero si intentas comprenderlas lógicamente, no entenderás nada. Son metáforas.

> ¿Te has fijado alguna vez en que de ti no ha surgido ni un solo pensamiento? Ni un solo pensamiento se ha formado por medio de tu ser; siempre vienen del exterior. No te pertenecen: planean sobre ti sin raíces, sin hogar. A veces se posan en ti, eso es todo.

La mente es una perturbación de la conciencia, como las olas son una perturbación del mar. Algo ajeno ha intervenido: el viento. Algo procedente del exterior le ha ocurrido al mar, o a la conciencia —los pensamientos o el viento—, y se produce el caos. Pero el caos siempre está en la superficie. Las olas siempre están en la superficie. En las profundidades no hay oleaje; no puede haberlo, porque el viento no puede penetrar en las profundidades. Así pues, todo ocurre en la superficie. Si te desplazas hacia dentro, adquieres control. Si te desplazas desde la superficie hacia dentro, llegas al centro. De pronto, aunque la superficie esté perturbada, tú ya no estás perturbado.

Toda la ciencia de la meditación consiste simplemente en centrarse, en moverse hacia el centro, echar raíces allí, quedarse a vivir allí. Y desde allí, toda la perspectiva cambia. Ahora, aunque haya olas, no pueden alcanzarte. Y ahora puedes darte cuenta de que no te pertenecen a ti, de que solo hay un conflicto en la superficie con algo ajeno.

Y cuando miras desde el centro, el conflicto acaba por desaparecer. Poco a poco te relajas. Poco a poco vas aceptando que, desde luego, sopla un viento muy fuerte y se van a formar olas, pero a ti eso no te preocupa, y cuando no estás preocupado puedes disfrutar hasta de las olas. No tienen nada de malo.

El problema surge cuando también tú estás en la superficie. Estás en una barquita en la superficie, y empieza a soplar un viento fuerte y la marea está alta y todo el mar enloquece. Naturalmente, te preocupas, te mueres de miedo. Estás en peligro; en cualquier momento, las olas pueden volcar tu barquita; en cualquier momento puede presentarse la muerte. ¿Qué puedes hacer tú, con tu barquita? ¿Cómo vas a poder controlar nada? Si te pones a luchar con las olas, serás derrotado. Luchar no sirve de nada; tienes que aceptar las olas. De hecho, si eres capaz de aceptar las olas y dejas que tu barquita, por pequeña que sea, se mueva con ellas y no contra ellas, entonces no hay peligro. Las olas están ahí; tú simplemente te dejas llevar. Tú simplemente te mueves con ellas, no contra ellas. Te conviertes en parte de ellas. Entonces surge una enorme felicidad.

> Toda la ciencia de la meditación consiste simplemente en centrarse, en moverse hacia el centro, echar raíces allí, quedarse a vivir allí. Y desde allí, toda la perspectiva cambia.

En eso consiste todo el arte del *surfing*: en moverse con las olas y no contra ellas. Con ellas... hasta llegar a un punto en el que no te diferencias de ellas. El *surfing* se puede convertir en una gran meditación. Te puede proporcionar vistazos del interior, porque no es una lucha, es un dejarse llevar. Y entonces sabes que hasta las olas se pueden disfrutar... y eso se puede saber cuando observas todo el fenómeno desde el centro.

Es como si vas atravesando un bosque y se juntan las nubes y caen muchos rayos y te extravías y quieres llegar cuanto antes a casa. Eso es lo que está ocurriendo en la superficie: un viajero perdido, muchas nubes, muchos rayos; pronto caerá una lluvia torrencial. Tú quieres llegar a casa, a la seguridad del hogar... y por fin, llegas allí. Entonces te sientas dentro de tu casa y esperas a que caiga la lluvia. Ahora puedes disfrutarla. Ahora los relámpagos tienen una belleza propia. No era así cuando estabas fuera, perdido en el bosque; pero ahora, sentado dentro de tu casa, todo el fenómeno adquiere una enorme belleza. Ahora cae la lluvia y tú disfrutas con ello. Ahora ves los rayos y te gustan; suenan grandes truenos en las nubes y tú lo disfrutas, porque ahora estás seguro en el interior.

En cuanto llegas al centro, empiezas a disfrutar con todo lo que ocurre en la superficie. Así pues, todo consiste en no luchar en la superficie, sino deslizarse hacia el centro. Entonces se adquiere dominio, y no un control forzado, sino un dominio que se produce espontáneamente cuando estás centrado.

Centrarse en la conciencia es el dominio de la mente.

Así que no intentes «controlar la mente». El lenguaje puede desorientarte. Nadie puede controlar, y los que intentan controlar se vuelven locos. Se vuelven neuróticos, porque intentar controlar la mente no es otra cosa que una parte de la mente intentando controlar otra parte de la mente.

¿Quién eres tú, quién está intentando controlar? Tú también eres una ola —una ola religiosa, por supuesto—, intentando controlar la mente. Existen olas irreligiosas: están el sexo y la ira y los celos y el afán posesivo y el odio, y millones de olas irreligiosas. Y por otra parte, existen olas religiosas: la meditación, el amor, la compasión. Pero todas están en la superficie, pertenecen a la superficie y actúan en la superficie. Da lo mismo que sean religiosas o irreligiosas.

La auténtica religión está en el centro, y en la perspectiva que se adquiere desde el centro. Sentado dentro de tu casa, contemplas tu propia superficie: todo cambia, porque tu perspectiva es nueva. De pronto te has convertido en el amo. De hecho, adquieres tanto dominio, tanto arraigo, que la superficie deja de preocuparte y puedes disfrutar de las olas y de las mareas y de la tormenta. Es bello, te da energía, te da fuerza... no hay ningún motivo para preocuparse.

Solo los débiles se preocupan por los pensamientos. Solo los débiles se preocupan por la mente. Las personas fuertes simplemente absorben todo el conjunto y con ello se enriquecen. Las personas fuertes nunca rechazan nada.

El rechazo nace de la debilidad, de tu miedo. A las personas fuertes les gusta absorber todo lo que la vida ofrece. Religioso, irreligioso, moral, inmoral, divino, diabólico... les da lo mismo; la persona fuerte lo absorbe todo. Y con ello se enriquece. Posee una profundidad completamente diferente, que la gente religiosa normal no puede tener, porque es pobre y superficial.

Observa a las personas religiosas normales que acuden al templo o a la mezquita o a la iglesia. Siempre encontrarás gente muy superficial, sin nada de profundidad. Porque han rechazado partes de ellos mismos y han quedado lisiados. En cierto modo, están paralizados.

La mente no tiene nada de malo, los pensamientos no tienen nada de malo. Lo que es malo es quedarse en la superficie, porque entonces no conoces el todo y sufres innecesariamente a causa de la parte y de la percepción parcial. Se necesita una percepción de la totalidad, y eso solo es posible desde el centro; porque desde el centro puedes mirar a tu alrededor en todas las dimensiones, en todas las direcciones, ver toda la periferia de tu ser. Que es inmensa. De hecho, es igual que la periferia de la existencia. En cuanto estás centrado, poco a poco te vas ensanchando y agrandando, y acabas siendo la totalidad, nada menos.

Desde otro punto de vista, la mente es como el polvo que se va acumulando en la ropa de un viajero. Y has estado viajando y viajando y viajando durante millones de vidas, sin bañarte ni una sola vez. Naturalmente, se ha acumulado mucho polvo. Eso no tiene nada de malo, es natural que ocurra. Capas y más capas de polvo, y tú crees que esas capas son tu personalidad. Te has llegado a identificar tanto con ellas, has vivido tanto tiempo con esas capas de polvo, que las confundes con tu piel. Te has identificado con ellas.

La mente es el pasado, la memoria, el polvo. A todos les cae encima... si viajas, recogerás polvo. Pero no hay necesidad de identificarse con él, no hay necesidad de unificarse con él, porque si te haces uno con él vas a tener problemas, porque tú no eres el polvo, eres conciencia. «Polvo al polvo», decía Omar Khayyam. Cuando uno muere, ¿qué ocurre? El polvo retorna al polvo. Si no eres más que polvo, todo retornará al polvo; no quedará nada más. Pero ¿acaso eres solo polvo, capas de polvo, o hay algo más adentro que no es polvo, que no pertenece en absoluto a la tierra?

Eso es tu conciencia. La conciencia es tu ser, y el polvo que va acumulando la conciencia es tu mente.

Este polvo se puede tratar de dos maneras. La manera «religiosa» corriente consiste en lavar la ropa y frotarse bien el cuerpo. Pero estos métodos no sirven de gran ayuda. Por mucho que laves la ropa, la ropa se ha ensuciado tanto que ya no tiene remedio. No puedes limpiarla; al contrario: todo lo que hagas solo conseguirá ensuciarla más.

> La mente es como el polvo que se va acumulando en la ropa de un viajero. Y has estado viajando y viajando y viajando durante millones de vidas, sin bañarte ni una sola vez.

Sucedió una vez que el mulá Nasruddin vino a verme y venía borracho. Le temblaban las manos. Al comer, al tomar té, todo se le caía en la ropa, de modo que tenía la ropa llena de manchas de té y de comida y de otras muchas cosas. Así que le dije a Nasruddin:

—¿Por qué no vas a la droguería a comprar algo? Hay productos que pueden limpiar esas manchas.

Así lo hizo. Al cabo de siete días, volvió. Su ropa estaba peor que la vez anterior, mucho peor. Le pregunté:

—¿Qué ha pasado? ¿No fuiste a la droguería?

—Sí que fui —respondió—. Y me vendieron un producto maravilloso. Da muy buen resultado. Han desaparecido todas las manchas de té y de comida. Ahora necesito otro producto, porque esa solución ha dejado sus propias manchas.

La gente religiosa te proporciona jabones y detergentes, instrucciones para lavar la suciedad, pero estos productos dejan sus propias manchas. Por eso, una persona inmoral puede volverse moral, pero seguirá estando sucia... ahora lo está de un modo moral, pero sigue sucia. A veces, la situación es aún peor que antes.

En muchos aspectos, un hombre inmoral es inocente, menos egoísta. Un hombre moral tiene toda la inmoralidad dentro de la mente, y le ha añadido cosas nuevas: las actitudes moralistas, puritanas, egoístas. Se siente superior; se siente el elegido. Todos los demás están condenados al infierno; solo él irá al cielo. Y toda la inmoralidad sigue estando dentro, porque no puedes controlar la mente desde la superficie; no hay manera de hacerlo. Simplemente, las cosas no funcionan así. Solo existe una clase de control, que es la percepción desde el centro.

La mente es como el polvo acumulado durante millones de viajes. La auténtica actitud religiosa, la actitud religiosa radical, a diferencia de la vulgar, consiste simplemente en tirar la ropa. No te molestes en lavarla, porque no se puede lavar. Simplemente despréndete de ella como se desprende una serpiente de su piel vieja, y no mires hacia atrás.

Y desde otro punto de vista, la mente es el pasado, la memoria, todas las experiencias acumuladas, en cierto sentido. Todo lo que has hecho, todo lo que has pensado, todo lo que has deseado, todo lo que has soñado... todo, tu pasado total, tu memoria... la memoria es la mente. Y a menos que te desprendas de la memoria, no serás capaz de dominar la mente.

¿Cómo librarse de la memoria? Está siempre ahí, siguiéndote. De hecho, tú *eres* la memoria, así que ¿cómo desprenderse de ella? ¿Quién eres tú, sino tus recuerdos? Cuando te pregunto: «¿Quién eres tú?», me dices tu nombre. Eso es tu memoria. Tus padres te pusieron ese nombre tiempo atrás. Yo te pregunto: «¿Quién eres?» y tú me hablas de tu familia, de tu padre, de tu madre... Eso es un recuerdo. Yo te pregunto: «¿Quién eres?», y tú me hablas de tus estudios, de tus títulos, de que eres diplomado en arte o doctor en medicina, o ingeniero, o arquitecto. Eso es un recuerdo.

Cuando yo te pregunto: «¿Quién eres?», si de verdad miraras en tu interior, tu única respuesta posible sería: «No lo sé.» Digas lo que digas, será un recuerdo, no tú. La única respuesta verdadera, auténtica, tiene que ser «No lo sé», porque conocerse a sí mismo es lo último. Yo puedo decir quién soy, pero no lo voy a decir. Tú no puedes decir quién eres, pero estás dispuesto a responder. En esta cuestión, los que saben guardan silencio. Porque si se descarta toda la memoria y se descarta todo el lenguaje, entonces no se puede decir quién soy. Puedo mirar en tu interior, puedo hacerte un gesto; puedo estar contigo con todo mi ser... esa es mi respuesta. Pero la respuesta no se puede dar en palabras, porque cualquier cosa que se diga con palabras será parte de la memoria, parte de la mente, no de la conciencia.

> Naciste en cierta familia, pero eso no eres tú; te ha ocurrido a ti, es un suceso exterior a ti. Claro que alguien te puso un nombre; eso tiene su utilidad, pero el nombre no eres tú. Claro que tienes una forma, pero tú no eres la forma; la forma es solo la casa en la que vives.

¿Cómo librarse de los recuerdos? Obsérvalos, sé testigo de ellos. Y recuerda siempre que «esto me ha pasado a mí, pero yo no soy esto». Claro que naciste en cierta familia, pero eso no eres tú; te ha ocurrido a ti, es un suceso exterior a ti. Claro que alguien te puso un nombre; eso tiene su utilidad, pero el nombre no eres tú. Claro que tienes una forma, pero tú no eres la forma; la forma es solo la casa en la que vives. La forma es solo el cuerpo en el que vives. Y el cuerpo te lo dieron tus padres. Es un regalo, pero no tú.

Observa y discrimina. Esto es lo que en Oriente se llama *vivek*, discriminación. Discrimina sin parar. Sigue discriminando... llegará un momento en el que habrás eliminado todo lo que no eres tú. De pronto, en ese estado, te enfrentas por primera vez a ti mismo, te encuentras con tu propio ser. Sigue suprimiento todas las identidades que no son tú: la familia, el cuerpo, la mente. En ese vacío, cuando todo lo que no eres tú ha sido eliminado, tu ser emerge de pronto. Por primera vez te encuentras contigo mismo, y ese encuentro se convierte en maestría.

No se puede detener el pensamiento. No es que no se detenga, pero no se puede detener. Se detiene por sí solo. Esta distinción hay que entenderla bien; de lo contrario, te volverás loco persiguiendo a tu mente.

La no-mente no surge deteniendo el pensamiento. Cuando ya no hay pensamiento, hay no-mente. Pero el esfuerzo de detenerlo creará más ansiedad, creará conflictos, hará que te dividas. Vivirás en un constante torbellino interior. Eso no te va a servir de nada.

Y aunque consiguieras detenerlo por la fuerza durante unos instantes, eso no representa ningún logro... porque esos pocos momentos estarán casi muertos, no estarán vivos. Puedes sentir una especie de quietud... pero no silencio. Porque la quietud forzada no es silencio. Por debajo, en las profundidades del subconsciente, la mente reprimida sigue funcionando.

Así pues, no hay manera de detener la mente. Pero la mente se detiene... de eso no cabe duda. Se detiene por sí sola.

> Sigue suprimiendo todas las identidades que no son tú: la familia, el cuerpo, la mente. En ese vacío, cuando todo lo que no eres tú ha sido eliminado, tu ser emerge de pronto. Por primera vez te encuentras contigo mismo, y ese encuentro se convierte en maestría.

¿Qué es lo que hay que hacer? Es una pregunta importante. Observa. No trates de detenerla. No hay necesidad de realizar ningún acto contra la mente. En primer lugar, ¿quién lo iba a hacer? Sería la mente luchando contra sí misma. Dividirás tu mente en dos: una parte que intenta tomar el mando, hacerse el amo, matar a la otra parte de sí misma... lo cual es absurdo. Es un juego idiota, que te puede volver loco. No intentes detener la mente o el pensamiento... solo obsérvalo, déjalo fluir. Déjalo en completa libertad. Deja que corra tan rápido como quiera. No intentes controlarlo en modo alguno. Limítate a ser testigo.

¡Es hermoso! La mente es uno de los mecanismos más hermosos. La ciencia todavía no ha logrado crear algo similar a la mente. La mente sigue siendo la obra maestra. Tan complicada, tan tremendamente poderosa, con tantísimas posibilidades. ¡Obsérvala! ¡Disfrútala!

> No se puede detener el pensamiento. No es que no se detenga, pero no se puede detener. Se detiene por sí solo. Esta distinción hay que entenderla bien; de lo contrario, te volverás loco persiguiendo a tu mente.

Y no la mires como un enemigo, porque si miras la mente como un enemigo no puedes observar. Ya la miras con prejuicios, ya estás *en contra*. Ya has decidido que la mente tiene algo malo, ya has llegado a conclusiones. Y cuando miras a alguien como un enemigo, nunca puedes mirar en profundidad, nunca puedes mirar al fondo de los ojos; lo evitas.

Observar la mente significa mirarla con profundo amor, con profundo respeto, con reverencia. Es un don de Dios. La mente en sí misma no tiene nada de malo. Pensar no tiene nada de malo en sí mismo. Es un proceso muy bello, como otros procesos. Las nubes que se mueven por el cielo son bellas. ¿Por qué no van a serlo los pensamientos que se mueven en el cielo interior? Las flores que brotan en los árboles son bellas. ¿Por qué no van a serlo las ideas que brotan en tu ser? El río que discurre hacia el mar es bello. ¿Por qué no ha de serlo esta corriente de pensamientos que fluye hacia un destino desconocido? ¿Acaso no es hermoso? Míralo con profunda reverencia. No seas un combatiente, sé un amante.

Observa los sutiles matices de la mente, los giros repentinos, los hermosos giros. Los saltos bruscos, los juegos que la mente juega sin parar. Los sueños que teje, la imaginación, la memoria, las mil y una proyecciones que crea. ¡Observa! Mantente aparte, a distancia, sin participar, y poco a poco empezarás a sentir... Cuanto más a fondo observes, más profunda se hace tu conciencia. Empiezan a aparecer huecos, intervalos... Un pensamiento se va y todavía no llega otro, y se forma un hueco. Una nube pasa, otra está llegando, y entre ellas hay un espacio.

En esos espacios, por primera vez, percibirás vislumbres de la no-mente. Notarás el sabor de la no-mente. Llámalo el sabor del zen, del tao, del yoga. En esos pequeños intervalos, de pronto el cielo se despeja y se ve brillar el sol. De pronto, el mundo se llena de misterio, porque han caído todas las barreras; la pantalla que cubría tus ojos ya no está ahí. Ves con claridad, ves con penetración. Toda la existencia se vuelve transparente.

Al principio, esos momentos serán raros, muy pocos y muy espaciados. Pero te permitirán vislumbrar lo que es el *samadhi*. Pequeños estanques de silencio... surgen y enseguida desaparecen, pero ahora ya sabes que vas por buen camino. Empiezas a observar otra vez. Cuando pasa un pensamiento, lo observas. Cuando pasa un intervalo, lo observas. Las nubes son bellas, la luz del sol también es bella. Ahora ya no eliges. Ahora no tienes una intención fija. No dices: «me gustaría ver solo los intervalos». Eso es una tontería, porque en cuanto te enganchas a mirar solo los intervalos, has decidido otra vez *en contra* del pensamiento. Y entonces, los intervalos desaparecerán. Solo se producen cuando estás aparte, muy distanciado. Se presentan solos, no se pueden pro-

> La mente es uno de los mecanismos más hermosos. La ciencia todavía no ha logrado crear algo similar a la mente. La mente sigue siendo la obra maestra. Tan complicada, tan tremendamente poderosa, con tantísimas posibilidades. ¡Obsérvala! ¡Disfrútala!

vocar. Es algo que ocurre, tú no puedes forzar que ocurra. Son sucesos espontáneos.

Sigue observando. Deja que los pensamientos vengan y se vayan adonde quieran irse. No pasa nada malo. No intentes manipular y no intentes dirigir. Deja que los pensamientos se muevan en completa libertad. Y se presentarán intervalos más largos. Serás bendecido con pequeños *satoris*. A veces transcurrirán minutos sin ningún pensamiento; no habrá tráfico... un silencio total, sin perturbaciones.

Cuando aparezcan los huecos más grandes, surgirá en ti una nueva claridad. No solo tendrás claridad para ver el mundo; serás capaz de ver el mundo interior. Con los primeros huecos verás el mundo más profundamente: los árboles serán más verdes de lo que te parecen ahora, estarás rodeado por una música infinita, la música de las esferas. De pronto te encontrarás en presencia de la divinidad: inefable, misteriosa. Tocándote, aunque tú no puedas tocarla. A tu alcance y sin embargo fuera de tu alcance. Con los huecos más grandes, te ocurrirá lo mismo por dentro. Dios no solo estará fuera, te vas a llevar una buena sorpresa: también está dentro. No solo está en lo que se ve, está también en el que ve... dentro y fuera. Poco a poco...

> Cuando pasa un pensamiento, lo observas. Cuando pasa un intervalo, lo observas. Las nubes son bellas, la luz del sol también es bella. Ahora ya no eliges. Ahora no tienes una intención fija.

Pero no te enganches tampoco a eso. Ese enganche es alimento para la mente, que seguirá adelante. Para detenerla sin hacer esfuerzos por detenerla hay que ser un testigo distanciado. Y cuando empiezas a disfrutar de esos momentos de beatitud, desarrollas la capacidad de mantenerlos durante períodos más largos. Por fin, llega un día en que lo dominas. Entonces, cuando quieras pensar, piensas; si necesitas el pensamiento, lo utilizas. Si no necesitas el pensamiento, lo dejas descansar. No es que la mente ya no esté ahí...

la mente sigue ahí, pero tú puedes utilizarla o no. Ahora eres tú el que decides, como con las piernas: si quieres correr, las utilizas; si no quieres correr, dejas que descansen. Las piernas siguen ahí. Del mismo modo, la mente siempre está ahí.

Cuando hablo contigo estoy utilizando la mente. No hay otra manera de hablar. Cuando respondo a tus preguntas, estoy utilizando la mente. No hay otra manera. Tengo que responder y relacionarme, y la mente es un mecanismo maravilloso. Cuando no estoy hablando contigo y estoy solo, no hay mente... porque es un medio para relacionarse. Cuando estoy sentado solo, no la necesito.

Tú no le has dado reposo; por eso la mente se vuelve mediocre. Se está usando continuamente, está cansada, y eso sigue y sigue. Trabaja de día, trabaja de noche... de día piensas, de noche sueñas. Un día tras otro, sigue trabajando. Si vives setenta u ochenta años, habrá estado trabajando todo ese tiempo.

Fíjate en la delicadeza y resistencia de la mente. ¡Es tan delicada! En una cabeza pequeña pueden caber todas las bibliotecas del mundo; en una sola mente se puede contener todo lo que se ha escrito. La capacidad de la mente es tremenda... ¡y en tan poco espacio! ¡Y sin hacer demasiado ruido! Si los científicos lograran algún día construir un ordenador similar a la mente... Hay ordenadores, pero todavía no son mentes. Todavía son mecanismos, carecen de unidad orgánica; todavía no tienen centro. Si algún día llega a ser posible —y es posible que algún día los científicos sean capaces de crear mentes—, entonces verás cuánto espacio ocupa ese ordenador y cuánto ruido hace.

La mente apenas hace ruido; funciona en silencio. ¡Y qué servicio hace! Durante setenta, ochenta años. Incluso cuando te estás muriendo, tu cuerpo puede estar viejo, pero tu mente sigue siendo joven. Su capacidad sigue siendo la misma. En ocasiones, si la has utilizado bien, hasta puede mejorar con la edad, porque cuanto más sabes, más comprendes. Cuanto más hayas experimentado y vivido, más capaz se vuelve tu mente. Cuando mueres, todo está dispuesto a morir en tu cuerpo... excepto la mente.

Por eso en Oriente decimos que la mente abandona el cuerpo y penetra en otro embrión, porque todavía no está preparada para morir. El renacimiento es de la mente. Y cuando has alcanzado el estado de no-mente, entonces no hay renacimiento. Entonces simplemente mueres. Y con tu muerte, todo se disuelve: tu cuerpo, tu mente... solo queda tu alma testigo. Eso está más allá del tiempo y del espacio. Entonces te haces uno con la existencia; ya no estás separado de ella. La separación la provoca la mente.

Pero no hay manera de detenerla a la fuerza. No seas violento. Muévete con cariño, con profunda reverencia, y empezará a ocurrir por sí solo. Tú limítate a observar y no tengas prisa.

La mente moderna tiene mucha prisa. Quiere métodos instantáneos para detener la mente. De ahí el atractivo de las drogas. Puedes obligar a la mente a detenerse utilizando drogas, productos químicos, pero así estás siendo violento con el mecanismo. Eso no es bueno, es destructivo. De ese modo, no adquirirás maestría. Puedes conseguir detener la mente por medio de drogas, pero entonces las drogas te dominarán a ti, no vas a ser tú el amo. Simplemente, has cambiado de jefe, y has cambiado para peor. Ahora las drogas tendrán poder sobre ti, te poseerán; sin ellas, no serás nadie.

> La mente moderna tiene mucha prisa. Quiere métodos instantáneos para detener la mente. De ahí el atractivo de las drogas. Puedes obligar a la mente a detenerse utilizando drogas, productos químicos, pero así estás siendo violento con el mecanismo. Eso es destructivo. De ese modo, no adquirirás maestría.

La meditación no es un esfuerzo contra la mente, es una manera de comprender la mente. Es un modo muy cariñoso de contemplar la mente... pero, claro, hay que tener mucha paciencia. Esa mente que llevas en tu cabeza se ha ido formando durante siglos, milenios. Tu pequeña mente carga con toda la experiencia de la humanidad. Y no solo de la humanidad: también de animales, pájaros, plantas, rocas... Has pasado por todas esas experiencias. Todo lo que ha ocurrido hasta ahora ha ocurrido también en ti.

En una cáscara de nuez muy pequeña, llevas toda la experiencia de la existencia. Eso es lo que es tu mente. En realidad, decir que es tuya no es correcto. Es algo colectivo, nos pertenece a todos. La psicología moderna ha estado buscándolo, sobre todo lo ha buscado el análisis jungiano, y han empezado a sentir algo que parece un subconsciente colectivo. Tu mente no es tuya; nos pertenece a todos. Nuestros cuerpos están muy separados; nuestras mentes no están tan separadas. Nuestros cuerpos están claramente separados, pero nuestras mentes se solapan... y nuestras almas son una sola.

Los cuerpos están separados, las mentes se solapan y las almas son una. Yo no tengo un alma diferente de la tuya, y tú no tienes un alma diferente. En el centro mismo de la existencia, nos juntamos y somos uno. Eso es «Dios», el punto de encuentro de todos. Entre Dios y el mundo —al decir «mundo» quiero decir los cuerpos— está la mente.

La mente es un puente, un puente entre el cuerpo y el alma, entre el mundo y Dios. ¡No intentes destruirla!

Muchos han intentado destruirla por medio del Yoga. Eso es un uso equivocado del Yoga. Muchos han intentado destruirla mediante posturas corporales, respiración... que también provocan sutiles cambios químicos en el interior del cuerpo. Por ejemplo, si te pones de cabeza en *shirshasan*, cabeza abajo, puedes destruir la mente con mucha facilidad. Porque cuando la sangre afluye en demasía a la cabeza, como una riada... cuando te pones de cabeza, eso es lo que pretendes hacer. El

> Los cuerpos están separados, las mentes se solapan y las almas son una. Yo no tengo un alma diferente de la tuya, y tú no tienes un alma diferente. En el centro mismo de la existencia, nos juntamos y somos uno. Eso es «Dios», el punto de encuentro de todos.

131

mecanismo del cerebro es muy delicado. Si lo inundas de sangre, los tejidos delicados mueren. Por eso nunca te encuentras con un yogui muy inteligente. No... los yoguis son más bien estúpidos. Sus cuerpos están sanos, eso es verdad; están fuertes, pero sus mentes están muertas. No verás en ellos el brillo de la inteligencia. Verás un cuerpo muy robusto, como el de un animal, pero de algún modo el ser humano ha desaparecido.

> Aunque pasen por tu mente pensamientos inmorales, lo que se suele llamar pensamientos inmorales, tú déjalos pasar. No hay nada malo. Mientras tú te mantengas distanciado, eso no hace ningún daño. Es solo ficción, estás viendo una película interior.

Al ponerte de cabeza, estás forzando la sangre hacia la cabeza, por efecto de la gravedad. La cabeza necesita sangre, pero en cantidad muy pequeña. Y muy despacio, no en riada. Cuando fluye en contra de la gravedad, muy poca sangre llega a la cabeza, y la que llega lo hace en silencio. Si en la cabeza penetra demasiada sangre, el efecto es destructivo.

Se ha utilizado el yoga para matar la mente. Se pueden utilizar técnicas respiratorias para matar la mente. Hay ritmos de respiración, sutiles vibraciones de la respiración, que pueden tener efectos muy drásticos en la delicada mente. La mente se puede destruir de ese modo. Estos trucos son antiguos. Ahora es la ciencia la que proporciona los últimos trucos: LSD, marihuana y otras sustancias; tarde o temprano aparecerán drogas cada vez más sofisticadas.

Yo no soy partidario de detener la mente. Soy partidario de observarla. Se detiene por sí sola, y entonces es hermosa. Cuando algo sucede sin ninguna violencia, posee una belleza propia. Tiene un desarrollo natural. Puedes forzar una flor y abrirla a la fuerza, puedes tirar de los pétalos de un capullo y abrirlo a la fuerza, pero habrás destruido la belleza de la flor. Ahora está casi muerta. No puede resistir tu violencia. Los pétalos caerán flojos, inertes, moribundos. Cuando el capullo se abre por su propia energía, cuando se abre por sí solo, esos pétalos están vivos.

La mente es tu floración. No la fuerces en modo alguno. Estoy en contra de toda fuerza y de toda violencia, y en particular de la violencia dirigida hacia uno mismo.

Limítate a observar —en profunda oración, con amor, con reverencia— y a ver lo que ocurre. Los milagros ocurren por sí solos. No hay necesidad de tirar y empujar.

¿Cómo dejar de pensar? Yo digo que basta con observar, con estar alerta. Y renuncia a esa idea de detener la mente, porque eso detendría su transformación natural. ¡Abandona esa idea de detenerla! ¿Quién eres tú para detener nada?

Como máximo, disfruta. Y no hay nada malo. Aunque pasen por tu mente pensamientos inmorales, lo que se suele llamar pensamientos inmorales, tú déjalos pasar. No hay nada malo. Mientras tú te mantengas distanciado, eso no hace ningún daño. Es solo ficción, estás viendo una película interior. Deja que siga a su manera y poco a poco te llevará al estado de no-mente. La observación acaba culminando en la no-mente.

La no-mente no está *contra* la mente; la no-mente está *más allá* de la mente. La no-mente no se alcanza matando y destruyendo la mente; la no-mente se alcanza cuando has comprendido la mente de modo tan total que ya no es necesario el pensamiento... tu comprensión lo ha sustituido.

La rodada y la rueda

E L HOMBRE parece estar en el presente, pero eso es solo apariencia. El hombre vive en el pasado. Pasa a través del presente, pero sigue estando enraizado en el pasado. El presente no es un tiempo de verdad para la conciencia ordinaria. Para la conciencia ordinaria, el tiempo real es el pasado, el presente es solo una conexión entre el pasado y el futuro, solo un paso momentáneo. El pasado es real y el futuro también, pero el presente no tiene realidad para la conciencia ordinaria.

El futuro no es nada más que una prolongación del pasado. El futuro no es más que el pasado proyectado una y otra vez. El presente parece no existir. Si piensas en el presente, no lo encontrarás... porque en el momento en que lo encuentres, ya habrá pasado. Y un momento antes, cuando aún no lo habías encontrado, estaba en el futuro.

Para una conciencia búdica, para un ser despierto, solo el presente existe. Para la conciencia ordinaria, inconsciente, dormida como un sonámbulo, el pasado y el futuro son reales, pero el presente es irreal. Solo cuando uno despierta el presente se hace real, y el pasado y el futuro se vuelven irreales.

¿Por qué es así? ¿Por qué vives en el pasado? Porque la mente no es más que una acumulación de pasado. La mente es memoria... todo lo que has hecho, todo lo que has soñado, todo lo que quisiste hacer y no pudiste hacer, todo lo que has imaginado en el pasado, eso es tu mente. La mente es una entidad muerta. Si miras a través de la mente, nunca encontrarás el presente, porque el presente es vida, y la vida nunca se puede abordar a través de un medio muerto. La mente está muerta.

La mente es como el polvo que se acumula en un espejo. Cuanto más polvo se acumula, menos espejo es el espejo. Y si la capa de polvo es muy gruesa, como ocurre en ti, el espejo no refleja nada.

Todo el mundo acumula polvo. No solo lo acumulas, te aferras a él. Lo consideras un tesoro. El pasado ya se fue. ¿Por qué te aferras a él? No puedes hacer nada con él, no puedes retroceder, no puedes deshacerlo... ¿por qué te aferras a él? No es un tesoro. Y si te aferras al pasado y crees que es un tesoro, es lógico que tu mente quiera revivirlo una y otra vez en el futuro. Tu futuro no puede ser otra cosa más que tu pasado modificado... un poco retocado, un poco más decorado, pero va a ser lo mismo porque la mente no puede pensar en lo desconocido. La mente solo puede proyectar lo conocido, lo que ya sabes.

Te enamoras de una mujer y la mujer muere. ¿Cómo vas a encontrar ahora otra mujer? La otra mujer va a ser una forma modificada de tu difunta mujer; es la única manera que conoces. Hagas lo que hagas en el futuro, no será más que una continuación del pasado. Puedes cambiarlo un poco... un apaño por aquí, otro por allá... pero la parte principal seguirá siendo la misma.

> Si te aferras al pasado y crees que es un tesoro, es lógico que tu mente quiera revivirlo una y otra vez en el futuro. Tu futuro no puede ser otra cosa más que tu pasado modificado... un poco retocado, un poco más decorado.

Estaba el mulá Nasruddin en su lecho de muerte y alguien le preguntó: «Si te concedieran otra vida, ¿cómo la vivirías, Nasruddin? ¿Harías algún cambio?» Nasruddin consideró la cuestión con los ojos cerrados, se lo pensó, lo meditó, y después abrió los ojos y dijo: «Sí, si me concedieran otra vida, me peinaría con raya en el medio. Siempre quise hacerlo, pero mi padre siempre insistió en que no me peinara así. Y cuando mi padre murió, el pelo se me había condicionado de tal modo que ya no podía peinarme con la raya en el medio.»

¡No te rías! Si te preguntan qué harías si volvieras a vivir, introducirías pequeños cambios como ese. Un marido con una nariz ligeramente distinta, una esposa con un tipo ligeramente distinto, una casa más grande o más pequeña... pero todo eso es como peinarse con la raya en el medio: trivialidades, cosas no esenciales. Tu vida esencial seguiría siendo la misma. Lo has hecho muchas, muchísimas veces. Se te han concedido muchas vidas.

Has vivido muchas veces; eres muy, muy antiguo. No eres nuevo en este mundo, eres más viejo que el mundo, porque has vivido en otros mundos, en otros planetas. Eres tan antiguo como la existencia; y así debe ser, porque eres parte de ella. Eres muy antiguo, pero has repetido los mismos patrones una y otra vez. Por eso los hindúes lo llaman la rueda de la vida y la muerte: una «rueda» porque sigue repitiéndose a sí misma. Es una repetición: los mismos radios suben y bajan, bajan y suben.

> Has vivido muchas veces; eres muy, muy antiguo. Eres muy antiguo, pero has repetido los mismos patrones una y otra vez. Por eso los hindúes lo llaman la rueda de la vida y la muerte: una «rueda» porque sigue repitiéndose a sí misma.

La mente se proyecta a sí misma, y la mente es el pasado, así que tu futuro no va a ser distinto del pasado. ¿Y qué es el pasado? ¿Lo que has hecho en el pasado? Hayas hecho lo que hayas hecho —bueno, malo, esto, aquello, lo que sea—, ello crea su propia repetición. Esa es la teoría del *karma*. Si estuviste furioso anteayer, creaste un cierto potencial para volver a enfurecerte ayer. Y cuando lo repetiste, le diste más energía a la ira. Hiciste que el estado irascible arraigara más, lo regaste; así que hoy lo volverás a repetir con más fuerza, con más energía. Y mañana volverás a ser víctima del hoy.

Cada acción que ejecutas, incluso cada cosa que piensas, tiene su manera de persistir y repetirse una y otra vez, porque crea un canal en tu ser. Empieza a absorber energía de ti. Estás irritado, se te pasa el mal humor y crees que ya no estás irritado. Pues te equivocas. Aunque se ha pasado el mal humor, no ha ocurrido nada. La ira estaba en la superficie hace unos minutos; ahora ha pasado al subconsciente, a las profundidades de tu ser. Allí aguardará a que vuelva a llegar su momento. Si has actuado de ese modo, la has reforzado. Le has permitido seguir viviendo. Le has vuelto a dar poder, energía. Está palpitando como una semilla bajo tierra, esperando la oportunidad y la estación adecuadas, y entonces brotará.

Todo acto se autoperpetúa, todo pensamiento se autoperpetúa. En cuanto cooperas con él, le estás dando energía. Tarde o temprano, se convierte en habitual. Lo harás y no serás tú el que actúa; lo harás solo por la fuerza de la costumbre. La gente dice que la costumbre es una segunda naturaleza... y no es una exageración. Al contrario, es quedarse corto. De hecho, la costumbre acaba por convertirse en la primera naturaleza, y la naturaleza pasa a un plano secundario. La naturaleza se convierte en algo parecido al apéndice de un libro, o a las notas a pie de página, y la costumbre pasa a ser el texto principal del libro.

> Todo acto se autoperpetúa, todo pensamiento se autoperpetúa. En cuanto cooperas con él, le estás dando energía. Tarde o temprano, se convierte en habitual. Lo harás y no serás tú el que actúa; lo harás solo por la fuerza de la costumbre.

Has vivido a base de hábitos... eso significa que los hábitos viven básicamente por medio de ti. El hábito persiste, tiene una energía propia. Claro que esa energía te la quita a ti, pero tú cooperaste en el pasado y sigues cooperando en el presente. Poco a poco, el hábito se convertirá en el señor, y tú serás solo un sirviente, una sombra. La costumbre dará las órdenes, será quien mande, y tú serás solo un sirviente obediente. Tendrás que obedecer.

Sucedió una vez que un místico hindú llamado Eknath partió de peregrinación. La peregrinación iba a durar por lo menos un año, porque tenía que visitar todos los lugares sagrados del país. Por supuesto, era un privilegio acompañar a Eknath, así que con él salieron de viaje mil personas. Llegó también el ladrón del pueblo y dijo:

—Sé que soy un ladrón y que no soy digno de ser miembro de tu grupo religioso, pero dame una oportunidad también a mí. Me gustaría ir en la peregrinación.

—Será difícil —dijo Eknath—, porque un año es mucho tiempo y puedes empezar a robar cosas a la gente. Puedes causar problemas. Por favor, renuncia a esa idea.

Pero el ladrón era insistente.

—Dejaré de robar durante un año, pero tengo que ir. Te prometo que durante un año entero no le robaré nada a nadie.

Eknath accedió. Pero antes de una semana empezaron los problemas, porque empezaron a desaparecer cosas de los equipajes de la gente. Pero lo más desconcertante era que nadie las estaba robando. De la bolsa de un viajero desaparecían cosas, pero tras unos días de búsqueda se encontraban en la bolsa de algún otro. Y el hombre en cuya bolsa se encontraban decía: «Yo no he hecho nada. De verdad que no sé cómo han llegado estas cosas a mi bolsa.»

Eknath sospechaba, así que una noche fingió dormir pero se mantuvo despierto y vigilando. El ladrón apareció a eso de la medianoche, en medio de la oscuridad, y empezó a cambiar cosas de los equipajes de unos a los equipajes de otros. Eknath lo atrapó con las manos en la masa y le dijo:

—¿Qué estás haciendo? ¡Me lo habías prometido!

—Y cumplo mi promesa —dijo el ladrón—. No he robado ni una sola cosa. Pero tengo esa vieja costumbre... en mitad de la noche, si no he cometido alguna fechoría, me resulta imposible dormir. ¿Voy a pasarme todo un año sin dormir? Tú eres un hombre compasivo. Deberías tener compasión de mí. ¡Y no estoy robando! Las cosas se encuentran siempre. No van a ninguna parte, solo pasan de una persona a otra. Y además, dentro de un año tendré que empezar a robar otra vez, así que me viene bien practicar.

Los hábitos te obligan a hacer ciertas cosas; eres una víctima. Los hindúes llaman a esto la teoría del *karma*. Cada acción que repites, o cada pensamiento —porque el pensamiento es también un sutil acto de la mente—, adquiere más y más poder cada vez. Y entonces estás en sus garras. Eres prisionero del hábito. Entonces vives como un preso, como un esclavo. Y la prisión es muy sutil; la prisión está construida con tus hábitos y condicionamientos y con los actos que has realizado. Rodea todo tu cuerpo y estás atrapado en ella, pero tú sigues pensando que eres tú quien actúa, y engañándote a ti mismo.

Cuando te enfureces, crees que lo estás haciendo tú. Lo racionalizas y dices que la situación lo exigía: «Tuve que enfadarme, de lo contrario el niño se habría escapado. Si no me enfadara, las cosas irían mal, y la oficina sería un caos. Los criados no hacen caso; tuve que echarles una bronca para que se hicieran las cosas. Tuve que ponerme furioso para poner a mi mujer en su sitio.» Esto son racionalizaciones. Así es como tu ego sigue pensando que todavía eres tú quien manda. Pero no eres tú.

La ira surge de antiguas pautas que vienen del pasado. Y cuando surge la ira, tú procuras encontrar una excusa. Los psicólogos han experimentado con esto y han llegado a la misma conclusión que la psicología esotérica oriental: el hombre es una víctima, no es el que manda. Los psicólogos han colocado a personas en total aislamiento, con todas las comodidades posibles. Se les proporcionaba cualquier cosa que necesitaran, pero no se les permitía establecer ningún contacto con otros seres humanos. Vivían en aislamiento en una celda con aire acondicionado. Sin trabajar, sin preocupaciones, sin problemas... pero los viejos hábitos persistían. Una mañana, sin ninguna razón aparente —porque se le proporcionaban todas las comodidades, no había preocupaciones, no había excusas para irritarse—, el sujeto sufría un repentino ataque de ira.

Está dentro de ti. A veces, de pronto te sientes triste sin razón aparente. Otras veces, te sientes feliz, o te sientes eufórico, extático. Un hombre privado de relaciones sociales, aislado a todo confort, con todas las necesidades satisfechas, pasa por todos los estados de ánimo por los que pasaría si se relacionara. Eso significa que algo sale de dentro, y tú lo achacas a otro. Eso no es más que una racionalización.

Te sientes bien, te sientes mal, y esas sensaciones burbujean desde tu propio subconsciente, desde tu propio pasado. Nadie es responsable, excepto tú. Nadie puede ponerte furioso y nadie puede ponerte contento. Te pones contento tú solo, te pones furioso tú solo y te pones triste tú solo. Si no te das cuenta de esto, seguirás siempre siendo un esclavo.

> Te sientes bien, te sientes mal, y esas sensaciones burbujean desde tu propio subconsciente, desde tu propio pasado. Nadie es responsable, excepto tú. Nadie puede ponerte furioso y nadie puede ponerte contento.

El dominio de uno mismo se adquiere cuando uno se da cuenta: «Soy absolutamente responsable de todo lo que me ocurre. Ocurra lo que ocurra, sin condiciones, el responsable absoluto soy yo.»

Al principio, esto te pondrá muy triste y te deprimirá, porque si puedes cargar a otro con la responsabilidad, te sentirás bien porque no has actuado mal. ¿Qué puede uno hacer cuando su esposa se comporta de un modo tan desagradable? Tienes que enfadarte. Pero recuérdalo bien: tu esposa se porta de manera desagradable por sus propios mecanismos internos. No está siendo desagradable contigo. Si tú no estuvieras, sería desagradable con los niños. Si los niños no estuvieran, sería desagradable con la vajilla; tiraría los platos al suelo. Habría roto la radio. Algo tendría que hacer, porque le venía el mal humor. Fue pura casualidad que te encontrara a ti leyendo el periódico y se pusiera desagradable contigo. Fue pura coincidencia que tú estuvieras a mano en un mal momento.

Tú estás enfadado, pero no porque tu mujer estuviera desagradable; ella proporcionó la situación, eso es todo. Ella te dio la oportunidad de ponerte furioso, una excusa para ponerte furioso, pero la ira estaba burbujeando ya. Si tu mujer no hubiera estado ahí, tú te habrías enfadado de todos modos... con algún otro, con alguna idea, pero la ira tenía que hacerse presente. Era algo que venía de tu propio subconsciente.

Todo el mundo es responsable, totalmente responsable de su propio ser y su conducta. Al principio, te resultará deprimente ser tú el responsable, porque siempre has pensado que querías ser feliz... ¿cómo vas a ser tú el responsable de tu infelicidad? Tú siempre has querido estar en paz... ¿cómo vas a ponerte furioso tú solo? Y por eso echas las culpas a otro.

Si sigues echando las culpas a otros, recuerda que seguirás siempre siendo un esclavo, porque nadie puede cambiar a los demás. ¿Cómo vas a cambiar a otro? ¿Alguien ha cambiado alguna vez a otro? Uno de los deseos más incumplidos del mundo es el de cambiar a otro. Nadie lo ha conseguido jamás. Es imposible, porque el otro tiene su propia existencia y tú no puedes cambiarle. Puedes echarle las culpas al otro, pero no puedes cambiarle. Y como le has echado la culpa al otro, nunca te darás cuenta de que la responsabilidad básica es tuya. El cambio básico que se necesita hay que hacerlo en tu interior.

> Si sigues echándole las culpas a otros, recuerda que seguirás siempre siendo un esclavo, porque nadie puede cambiar a los demás. ¿Cómo vas a cambiar a otro? ¿Alguien ha cambiado alguna vez a otro?

Así es como quedas atrapado: si empiezas a pensar que eres el responsable de todas tus acciones, de todos tus estados de ánimo, al principio te sentirás muy deprimido. Pero si eres capaz de superar esa depresión, pronto te sentirás más ligero, porque te has liberado de los demás. Ahora puedes actuar por tu propia cuenta. Puedes ser libre, puedes ser feliz. Aunque todo el mundo sea desdichado y no sea libre, para ti será igual. Y la primera libertad consiste en dejar de echar las culpas a otros; la primera liber-

141

tad consiste en saber que el responsable eres tú. Entonces muchas cosas se hacen posibles de inmediato.

Si sigues cargando a otros con la responsabilidad, recuerda que seguirás siendo siempre un esclavo, porque nadie puede cambiar a los demás. ¿Cómo vas a cambiar a otro? ¿Alguien ha cambiado alguna vez a otro? Te ocurra lo que te ocurra... Si te sientes triste, cierra los ojos y contempla tu tristeza. Sigue el camino que indica, profundiza en ella. Pronto llegarás a la causa. Puede que tengas que hacer un largo recorrido, porque toda tu vida ha influido; y no solo esta vida, sino otras muchas vidas. Encontrarás muchas heridas en tu interior, heridas que duelen, y debido a esas heridas te sientes triste... son tristes; esas heridas no han cicatrizado; están vivas. El método de retroceder hasta el origen, del efecto a la causa, las curará. ¿Cómo las cura? ¿Por qué las cura? ¿Qué fenómeno interviene en ello?

Cuando retrocedes, lo primero que tienes que hacer es dejar de echar las culpas a otros, porque si echas las culpas a otros irás hacia fuera. Y entonces todo el proceso saldrá mal; estarás intentando encontrar la causa en otro. «¿Por qué se pone desagradable mi mujer?» Y el «por qué» sigue penetrando en la conducta de tu mujer. Has dado mal el primer paso, y todo el proceso saldrá mal.

«¿Por qué soy desdichado? ¿Por qué estoy enfadado?» Cierra los ojos y súmete en profunda meditación. Túmbate en el suelo, cierra los ojos, relaja el cuerpo y siente por qué estás enfadado. Olvídate de tu mujer; eso es una excusa. Y de A, B, C, D... déjate de excusas. Sigue profundizando en ti mismo, penetra en la ira. Utiliza la ira misma como si fuera un río; fluye con la ira y la ira te llevará hacia dentro. Encontrarás sutiles heridas dentro de ti. Tu mujer te pareció desagradable porque tocó una de esas sutiles heridas, algo que duele. Siempre has pensado que no eres guapo, que tu cara es fea, y eso deja una herida interior. Cuando tu mujer se pone desagradable, te hace consciente de tu cara. Te dice: «¡Anda y mírate en el espejo!» Cosas que duelen. Has sido infiel a tu mujer, y cuando ella quiere ponerse desagradable, lo saca a relucir: «¿Por qué te reías con aquella mujer? ¿Por qué estabas sentado tan a gusto con aquella mujer?» Ha tocado una herida. Has sido infiel, te sientes culpable; la herida está viva.

Cierra los ojos, siente la ira, déjala surgir en su totalidad para que puedas verla entera, ver lo que es. Y entonces, deja que esa energía te ayude a moverte hacia el pasado, porque la ira procede del pasado. No puede venir del futuro, eso está claro. El futuro aún no ha llegado a existir. No está viniendo del presente. Esta es la teoría del *karma*. No puede venir del futuro, porque el futuro aún no existe; no puede venir del presente, porque tú no sabes nada del presente. El presente solo lo conocen los que están despiertos. Tú vives solo en el pasado, así que tiene que venir de alguna parte de tu pasado. La herida tiene que estar en algún lugar de tu memoria. Retrocede. Puede que no haya una sola herida, sino muchas, grandes y pequeñas. Profundiza más y encuentra la primera herida, la fuente original de toda la ira. Conseguirás encontrarla si lo intentas, porque está ahí. Está ahí; todo tu pasado sigue estando ahí. Es como una película, enrollada y esperando en tu interior. Desenróllala y empieza a buscar en la película. Así es el proceso de retroceder hasta la causa original. Y he aquí la belleza del proceso: si puedes retroceder conscientemente, si puedes sentir una herida conscientemente, la herida se cura al instante.

¿Por qué se cura? Porque la herida se crea por la inconsciencia, por no ser consciente. La herida forma parte de la ignorancia, del sueño. Cuando retrocedes conscientemente y contemplas la herida, la conciencia es una fuerza curativa. En el pasado, cuando se produjo la herida, se produjo en la inconsciencia. Te pusiste furioso, fuiste poseído por la ira, hiciste algo. Mataste a un hombre y has estado ocultándoselo al mundo. Puedes ocultárselo a la policía, puedes ocultárselo a los tribunales y a los jueces, pero ¿cómo vas a ocultártelo a ti mismo? Tú lo sabes, y duele. Y cada vez que alguien te da la oportunidad de ponerte furioso, te entra miedo porque podría volver a ocurrir, podrías matar a tu mujer. Retrocede, porque en ese momento en el que mataste a un hombre o te portaste como un loco porque estabas muy furioso, estabas inconsciente. Esas heridas se han conservado en el subconsciente. Ahora tienes que ir allí conscientemente.

Retroceder significa ir conscientemente hasta cosas que hiciste en la inconsciencia. Retrocede. Solo la luz de la conciencia puede curarte; es una fuerza curativa. Todo lo que puedas hacer consciente quedará curado, y ya no dolerá más.

Una persona que retrocede se libera del pasado. Y entonces el pasado ya no funciona, entonces el pasado ya no tiene poder sobre ella y el pasado queda terminado. El pasado ya no tiene sitio en su ser. Y cuando el pasado no tiene sitio en tu ser, quedas accesible para el presente, pero no antes.

Necesitas espacio. El pasado ocupa mucho sitio en tu interior, es un basurero lleno de cosas muertas, no hay espacio para que entre el presente. Ese basurero no para de soñar con el futuro, así que la mitad del espacio está llena de cosas que ya no existen y la otra mitad está llena de cosas que aún no existen. ¿Y el presente? Simplemente, está esperando a la puerta. Por eso el presente no es más que un paso, un paso que va del pasado al futuro, solo un paso momentáneo.

Termina con el pasado; si no terminas con el pasado, vivirás una vida fantasma. Tu vida no es auténtica, no es existencial. El pasado vive a través de ti, lo muerto sigue acosándote. Retrocede... Siempre que tengas ocasión, cada vez que ocurra algo en ti. Felicidad, infelicidad, tristeza, ira, celos... cierra los ojos y retrocede. Pronto adquirirás eficiencia para viajar hacia atrás. Pronto serás capaz de retroceder en el tiempo y entonces se abrirán muchas he-

> Necesitas espacio. El pasado ocupa mucho sitio en tu interior, es un basurero lleno de cosas muertas, no hay espacio para que entre el presente. Ese basurero no para de soñar con el futuro, así que la mitad del espacio está llena de cosas que ya no existen y la otra mitad está llena de cosas que aún no existen. ¿Y el presente? Simplemente, está esperando a la puerta.

ridas. Cuando esas heridas se abran en tu interior, no te pongas a hacer nada. No hay necesidad de *hacer*. Limítate a mirar, observar, contemplar. La herida está ahí... tú solo mírala, dale a la herida tu energía de observación, mírala. Mírala sin hacer ningún juicio... porque si juzgas, si dices: «Esto es malo, no debería ser así», la herida se volverá a cerrar. Y entonces tendrá que esconderse. Cada vez que condenas, la mente intenta ocultar cosas. Así es como se crean el consciente y el subconsciente. Por lo demás, la mente es una sola; no hay necesidad de división alguna. Pero si tú condenas, entonces la mente tiene que dividirse y meter algunas cosas en la parte oscura, en el sótano, para que no las veas y no haya necesidad de condenar.

No condenes, no aprecies. Limítate a ser testigo, un observador distanciado. No niegues. No digas: «Esto no está bien», porque eso es una negación y habrás empezado a suprimir.

Distánciate. Limítate a mirar y observar. Mira con compasión y se producirá la curación.

No me preguntes por qué ocurre, porque es un fenómeno natural. Es como cuando el agua se calienta a cien grados y se evapora. Nunca preguntas: «¿Por qué no ocurre a los noventa y nueve grados?» Nadie puede responder a esa pregunta. Simplemente, ocurre que a los cien grados el agua se evapora. No hay que preguntar, la pregunta es irrelevante. Si se evaporara a los noventa y nueve grados, también preguntarías por qué. Si se evaporara a los noventa y ocho, preguntarías por qué. Simplemente, es natural que el agua se evapore a los cien grados.

> Cada vez que condenas, la mente intenta ocultar cosas. Así es como se crean el consciente y el subconsciente. Por lo demás, la mente es una sola; no hay necesidad de división alguna. Pero si tú condenas, entonces la mente tiene que dividirse y meter algunas cosas en la parte oscura, en el sótano, para que no las veas.

Lo mismo ocurre con la naturaleza interior. Cuando una conciencia distanciada y compasiva llega a una herida, la herida desaparece, se evapora. No hay un porqué. Simplemente, es natural, así son las cosas, así es como ocurre. Cuando digo esto, lo digo por experiencia. Inténtalo, que la experiencia también es posible para ti. Esta es la manera.

CONCIENCIA EN ACCIÓN

Un hombre dormido no puede ser total en nada. Estás comiendo y no lo haces de manera total; estás pensando mil y una cosas, estás soñando mil y un sueños, y solo estás llenándote de comida mecánicamente. Puedes estar haciendo el amor con tu mujer o con tu hombre, y no estás totalmente ahí. Puedes estar pensando en otras mujeres, haciendo el amor con tu mujer y pensando en alguna otra mujer. O puedes estar pensando en el mercado, en los precios de cosas que quieres comprar, en un coche, en una casa, en mil y una cosas... y estás haciendo el amor mecánicamente.

Sé total en tus actos, y si eres total tienes que ser consciente; nadie puede ser total sin estar consciente. Ser total significa no pensar en otra cosa. Si estás comiendo, estás simplemente comiendo; ahora estás totalmente ahí. Comer lo es todo; no te estás llenando, lo estás disfrutando. Cuerpo, mente, alma, están todos sintonizados mientras tú comes, y hay una armonía, un ritmo profundo, en las tres capas de tu ser. Comer se convierte en meditación, andar se convierte en meditación, cortar leña se convierte en meditación, traer agua del pozo se convierte en meditación, hacer la comida se convierte en meditación. Las cosas pequeñas se transforman; se convierten en actos luminosos.

Empezar desde el centro

UNA COSA que hay que entender es que el silencio no forma parte de la mente. Así que cada vez que decimos: «Fulano tiene una mente silenciosa», decimos una tontería. Una mente nunca puede estar en silencio. La mera esencia de la mente es antisilencio. La mente es sonido, no silencio. Si una persona es verdaderamente silenciosa, debemos decir que no tiene mente.

Una «mente silenciosa» es una contradicción. Si la mente está ahí, no puede estar en silencio; y si está en silencio, es que ya no está. Por eso los monjes zen utilizan la expresión «no-mente», nunca «mente silenciosa». La no-mente es silencio, y en el instante en que se llega a la no-mente dejas de sentir tu cuerpo, porque la mente es el pasaje a través del que se siente el cuerpo. Si hay no-mente, no puedes sentir que eres un cuerpo; el cuerpo desaparece de la conciencia. No hay ni mente ni cuerpo... solo pura existencia. Y el silencio es la señal de esa existencia pura.

¿Cómo alcanzar ese silencio? ¿Cómo estar en ese silencio? Ha-

> Cada vez que decimos «Fulano tiene una mente silenciosa», decimos una tontería. Una mente nunca puede estar en silencio. La mera esencia de la mente es antisilencio. La mente es sonido, no silencio. Si una persona es verdaderamente silenciosa, debemos decir que no tiene mente.

gas lo que hagas, será inútil; ese es el mayor problema. Para el que busca el silencio, ese es el mayor problema, porque hagas lo que hagas no llegarás a ninguna parte... porque *hacer* no es relevante. Puedes sentarte en una postura concreta... eso es hacer. Seguramente, habrás visto la postura de Buda; puedes sentarte en la postura de Buda... eso es hacer. Para el propio Buda, esa postura ocurrió. No fue la causa de su silencio; fue más bien un subproducto.

Cuando la mente no está, cuando el ser está en completo silencio, el cuerpo le sigue como una sombra. El cuerpo adopta una postura particular: lo más relajada posible, lo más pasiva posible. Pero no puedes hacerlo al revés. No puedes adoptar una postura primero y conseguir así el silencio. Solo porque vemos un Buda sentado en una postura concreta, pensamos que si se adopta esa postura se obtendrá el silencio interior. Las cosas no suceden en ese orden. Para Buda, el fenómeno interior ocurrió primero, y después le siguió esa postura.

> Cuando la mente no está, cuando el ser está en completo silencio, el cuerpo le sigue como una sombra. El cuerpo adopta una postura particular: lo más relajada posible, lo más pasiva posible. Pero no puedes hacerlo al revés. No puedes adoptar una postura primero y conseguir así el silencio.

Considéralo a la luz de tu propia experiencia. Cuando te enfurezcas, el cuerpo adopta una postura particular. Se te enrojecen los ojos, tu cara adopta una expresión concreta. La ira está dentro y el cuerpo la sigue... no solo hacia fuera, también hacia dentro; toda la química del cuerpo cambia. Tu sangre circula más deprisa, respiras de manera diferente, estás listo para pelear o para huir. Pero la ira sucede primero y después el cuerpo la sigue.

Empieza por el otro extremo: pon los ojos rojos, respira más deprisa, haz todo lo que sientes que el cuerpo hace cuando la ira está ahí. Puedes actuar, pero no puedes crear ira dentro de ti. Los actores hacen eso mismo todo el tiempo. Cuando interpretan un papel de amor, hacen lo que hace el cuerpo cuando hay amor dentro, pero no hay amor. El actor puede hacerlo mejor que tú, pero el amor no se presentará. El actor parecerá más furioso que tú cuando estás enfurecido de verdad, pero es falso. Por dentro no ocurre nada.

Cuando empiezas desde fuera, creas un estado falso. Lo real siempre ocurre antes en el centro, y después las ondas llegan a la periferia.

El centro más interior está en silencio. Empieza por ahí.

SOLO DEL SILENCIO SURGE LA ACCIÓN. Si no estás en silencio —si no sabes cómo sentarte en silencio o estar de pie en silencio, en profunda meditación—, cualquier cosa que hagas será una *reacción*, no una acción. Reaccionas. Alguien te insulta, como si apretara un botón, y tú reaccionas. Te pones furioso, saltas sobre él... ¿y a eso lo llamas acción? No es acción, fíjate bien, es reacción. Él es el manipulador y tú el manipulado. Él ha apretado un botón y tú has funcionado como una máquina. Como cuando aprietas un botón y se enciende la luz, y vuelves a apretarlo y la luz se apaga. Eso es lo que la gente te hace a ti. Te encienden y te apagan.

Alguien viene y te elogia, y se te hincha el ego y te sientes de maravilla. Después viene alguien y te pincha, y caes al suelo deshinchado. No eres dueño de ti mismo. Cualquiera puede insultarte y ponerte triste, furioso, irritado, molesto, violento, loco. Y cualquiera puede elogiarte y hacerte sentir en las alturas, puede hacerte sentir que eres el más grande, que Alejandro Magno no era nadie en comparación contigo. Actúas según las manipulaciones de otros. Eso no es verdadera acción.

Buda pasaba por un pueblo y salió gente a insultarle. Le lanzaron todos los insultos que conocían, todas las palabrotas que sabían decir. Buda se quedó allí parado, escuchó en silencio, con mucha atención, y después dijo:

—Gracias por acudir a mí, pero tengo prisa. Tengo que llegar al próximo pueblo, donde me están esperando. Hoy no puedo dedicaros más tiempo, pero mañana, cuando pase de regreso, tendré más tiempo. Podéis volver a reuniros, y si queda algo que queráis decir y no hayáis podido decirme hoy, me lo podréis decir mañana. Pero hoy tenéis que disculparme.

Aquella gente no daba crédito a sus oídos y sus ojos: a este hombre no le ha afectado lo que decimos, ni siquiera le ha distraído. Uno de ellos preguntó:

—¿No nos has oído? Te hemos insultado a base de bien y ni siquiera has respondido.

—Si queríais que respondiera —dijo Buda—, habéis llegado demasiado tarde. Deberíais haber venido hace diez años, y entonces os habría respondido. Pero en estos diez años he dejado de ser manipulado por los demás. Ya no soy un esclavo. Soy dueño de mí mismo. Actúo por mi propia cuenta, no por cuenta de ningún otro. Actúo según mis necesidades interiores. No podéis obligarme a hacer nada. Todo está muy bien: queríais insultarme y me habéis insultado. Sentíos satisfechos; habéis hecho vuestro trabajo a la perfección. Pero en lo que a mí respecta, no recibo vuestros insultos, y si no los recibo no significan nada.

Cuando alguien te insulta, tienes que convertirte en un receptor; tienes que aceptar lo que él dice, solo entonces puedes reaccionar. Pero si no lo aceptas, si te limitas a quedarte distanciado, si mantienes la distancia, si permaneces en calma, ¿qué puede hacer él?

Dijo Buda: «Es como si alguien arroja una antorcha encendida al río. Seguirá encendida hasta que llegue al río. En el instante en que cae en el río, el fuego se apaga. El río lo enfría. Yo me he convertido en un río. Podéis dirigirme insultos... son fuego cuando los lanzáis, pero en el momento en que llegan a mí, mi calma apaga su fuego. Ya no hacen daño. Tiráis espinas... pero al caer en mi silencio se transforman en flores. Yo actúo según mi naturaleza intrínseca.»

Esto es espontaneidad.

El hombre de conciencia, de conocimiento, actúa. El hombre que no es consciente, el inconsciente, el mecánico, el robot, reacciona.

Y no es que el hombre de conciencia se limite a observar. Observar es solo un aspecto de su ser. No actúa sin observar. Pero no te confundas. India entera, por ejemplo, ha estado malinterpretando a personas como Buda; por eso el país entero se ha vuelto inactivo. Pensando que todos los grandes maestros han dicho: «Siéntate en silencio», el país entero se volvió holgazán, sucio, inactivo. El país perdió energía, vitalidad, vida. Se convirtió en algo totalmente obtuso, sin inteligencia, porque la inteligencia solo se agudiza cuando actúas.

Y cuando actúas momento a momento, basándote en tu conciencia y tu vigilancia, surge una gran inteligencia. Empiezas a brillar, a relucir, te vuelves luminoso. Pero para eso hacen falta dos cosas: la vigilancia y la acción surgida de esa vigilancia. Si la vigilancia se convierte en inactividad, estás suicidándote.

La observación debe llevarte a la acción, a un nuevo tipo de acción. La acción adquiere una nueva cualidad. Observas, estando to-

> Cuando alguien te insulta, tienes que convertirte en un receptor; tienes que aceptar lo que él dice, solo entonces puedes reaccionar. Pero si no lo aceptas, si te limitas a quedarte distanciado, si mantienes la distancia, si permaneces en calma, ¿qué puede hacer él?

talmente quieto y en silencio. Ves cuál es la situación y, según lo que veas, respondes. El hombre de conciencia responde: es *responsable*... ¡en el sentido estricto de la palabra! Responde, no reacciona. Sus acciones nacen de su conciencia, no de tu manipulación. Esa es la diferencia. Así pues, la observación y la espontaneidad no son incompatibles. Observar es el principio de la espontaneidad; la espontaneidad es el cumplimiento de la observación.

> La observación debe llevarte a la acción, a un nuevo tipo de acción. La acción adquiere una nueva cualidad. Observas, estando totalmente quieto y en silencio. Ves cuál es la situación y, según lo que veas, respondes. El hombre de conciencia responde: es *responsable*... ¡al pie de la letra!

El verdadero hombre de conocimiento actúa... actúa muchísimo, actúa de manera total, pero actúa en el momento, basándose en su conciencia. Es como un espejo. El hombre corriente, el hombre inconsciente, no es como un espejo, es como una placa fotográfica. ¿Qué diferencia hay entre un espejo y una placa fotográfica? Una placa fotográfica, después de haberse expuesto, ya no sirve. Recibe la impresión, queda impresa, retiene la imagen. Pero recuerda: la imagen no es la realidad. La realidad sigue creciendo. Puedes salir al jardín y tomar una foto de un rosal. Mañana, la fotografía será la misma, pasado mañana la fotografía seguirá siendo la misma. Vuelve a salir a mirar el rosal: ya no es el mismo. Las rosas han desaparecido, o han brotado otras nuevas. Han ocurrido mil y una cosas.

La vida nunca es estática, cambia constantemente. Tu mente funciona como una cámara: sigue reuniendo imágenes... es un álbum de fotos. Y después, tú reaccionas según esas imágenes. Por eso, tu vida nunca es auténtica, porque hagas lo que hagas, está mal hecho. *Hagas lo que hagas*, insisto, estará mal hecho, Nunca será adecuado.

Una mujer estaba enseñándole el álbum familiar a su hijo y llegaron a la foto de un hombre muy atractivo: pelo espeso, barba, muy joven, muy vital. El niño preguntó: «Mamá, ¿quién es este hombre?»

Y la mujer le respondió: «¿No le reconoces? Es tu padre.»

El niño se quedó desconcertado y dijo: «Si este es mi padre, ¿quién es ese calvo que vive con nosotros?»

La mente inconsciente funciona como una cámara, funciona como una placa fotográfica. La mente vigilante, la mente meditativa, funciona como un espejo. No retiene ninguna impresión; permanece totalmente vacía, siempre vacía. Por eso, cualquier cosa que se ponga delante del espejo se refleja en él. Si te sitúas delante del espejo, te reflejará a ti. Si te vas, no digas que el espejo te traiciona. El espejo no es más que un espejo. Cuando tú te vas, deja de reflejarte; no tiene ninguna obligación de seguir reflejándote. Si ahora hay algún otro ante el espejo, el espejo reflejará a ese otro. Si no hay nadie, no refleja a nadie. Siempre es fiel a la vida.

La placa fotográfica nunca es fiel a la vida. Aunque te tomen una foto ahora mismo, para cuando el fotógrafo la haya sacado de la cámara tú ya no serás el mismo. Ya habrá pasado mucha agua por el Ganges. Has crecido, cambiado, te has hecho mayor. Puede que solo haya transcurrido un minuto, pero un minuto puede ser mucho. ¡Dentro de un minuto puedes haber muerto! Un minuto antes, estabas vivo; un minuto después, puedes haber muerto. La fotografía nunca morirá.

> La mente inconsciente funciona como una cámara, funciona como una placa fotográfica. La mente vigilante, la mente meditativa, funciona como un espejo. No retiene ninguna impresión; permanece totalmente vacía, siempre vacía. Por eso, cualquier cosa que se ponga delante del espejo se refleja en él.

Pero en el espejo, si estás vivo, estás vivo; y si estás muerto, estás muerto.

Aprende a sentarte en silencio... conviértete en un espejo. El silencio convierte tu conciencia en un espejo y entonces funcionarás momento a momento. Reflejarás la vida. No llevarás un álbum de fotos dentro de la cabeza. Entonces tus ojos serán claros e inocentes, tendrás claridad, tendrás visión, y nunca le serás infiel a la vida.

Eso es la auténtica vida.

Sé espontáneo

Cuando actúas, estás siempre actuando por medio del pasado. Actúas basándote en la experiencia que has acumulado, actúas basándote en conclusiones a las que llegaste en el pasado... ¿Cómo puedes ser espontáneo?

El pasado domina, y por culpa del pasado ni siquiera puedes ver el presente. Tus ojos están tan llenos de pasado, el humo del pasado es tan abundante que resulta imposible ver nada. ¡No puedes ver! Estás casi completamente ciego. Ciego a causa del humo, ciego a causa de las conclusiones del pasado, ciego a causa de lo que sabes.

El hombre con conocimientos es el más ciego del mundo. Como funciona basándose en sus conocimientos, no ve cuál es la situación. Simplemente, sigue funcionando mecánicamente. Ha aprendido algo; ese algo se ha convertido en un mecanismo incorporado, y él actúa basándose en ello.

Hay una historia famosa:

Había en Japón dos templos, el uno enemigo del otro, como ha sucedido siempre con los templos en todas las épocas. Los sacerdotes estaban tan enemistados que ya ni se miraban uno a otro. Si se encontraban por la calle, desviaban la mirada. Si se encontraban por la calle, dejaban de hablar. Durante siglos, estos dos templos y sus sacerdotes no se habían hablado.

Pero los dos sacerdotes tenían dos chicos que les servían y les hacían los recados. Los dos sacerdotes temían que los dos chicos, niños al fin y al cabo, pudieran hacerse amigos.

Uno de los sacerdotes le dijo a su chico:

—Recuerda, el otro templo es nuestro enemigo. No hables

nunca con el chico del otro templo. Son gente peligrosa. Evítalos como se evitan las enfermedades. ¡Evítalos como si fueran la peste!

El chico se sintió interesado... porque le aburría escuchar grandes sermones. No los entendía. Se leían extrañas escrituras y él no era capaz ni de entender el lenguaje; se discutían grandes y definitivos problemas. No había nadie con quien jugar, ni siquiera había con quién hablar. Y cuando le dijeron: «No hables con el chico del otro templo», surgió la gran tentación. Así es como surge la tentación. Aquel día no pudo evitar hablar con el otro chico. Cuando se lo encontró en el camino, le preguntó:

—¿Adónde vas?

El otro chico era un poco filósofo; a base de escuchar alta filosofía, se había vuelto filósofo. Así que respondió:

—¿Ir? Nadie va y nadie viene. Es algo que ocurre. Voy donde el viento me lleve.

Había oído a su maestro decir muchas veces que así es como vive un Buda, como una hoja muerta que va donde el viento la lleve. Así que continuó:

—Yo no existo. Si no hay quien vaya, ¿cómo voy a ir? ¿De qué tonterías hablas? Soy una hoja muerta. Allá donde el viento me lleve...

> El hombre con conocimientos es el más ciego del mundo. Como funciona basándose en sus conocimientos, no ve cuál es la situación. Simplemente, sigue funcionando mecánicamente. Ha aprendido algo, ese algo se ha convertido en un mecanismo incorporado, y él actúa basándose en ello.

El otro chico se quedó estupefacto. No pudo ni responder. No se le ocurría qué decir. Se sintió verdaderamente embarazado, avergonzado, y pensó: «Mi maestro tiene razón al no hablarse con esta gente. Sí que son gente peligrosa. ¿Qué manera de hablar es esa? Le he hecho una pregunta simple, "¿Adónde vas?" De hecho, yo ya sabía adónde iba, porque los dos vamos a comprar verduras en el mercado. Una respuesta simple habría bastado.»

Al regresar, le dijo a su maestro:

—Lo siento, perdóname. Me lo habías prohibido, pero no te hice caso. De hecho, me sentí tentado a causa de tu prohibición. Es la primera vez que hablo con esa gente tan peligrosa. Le hice una pregunta bien simple, «Adónde vas?», y él empezó a decir cosas raras: «No hay ir, no hay venir. ¿Quién viene? ¿Quién va? Soy un vacío total... una hoja muerta al viento. Y donde el viento me lleve...»

—¡Te lo advertí! —dijo el maestro—. Mañana, espérale en el mismo sitio, y cuando pase, pregúntale otra vez: «¿Adónde vas?», y cuando empiece a decir esas cosas, tú dile simplemente: «Es verdad. Eres una hoja muerta, y yo también. Pero cuando el viento no sopla, ¿adónde vas? ¿Adónde puedes ir entonces?» Dile eso y le avergonzarás... tiene que avergonzarse, tiene que quedar derrotado. Hemos estado disputando desde siempre, y esa gente nunca ha podido derrotarnos en ningún debate. Mañana, haz lo que te digo.

El chico se levantó temprano, preparó su respuesta, la repitió muchas veces antes de salir. Después se apostó en el sitio por donde el otro chico cruzaba el camino y siguió repitiéndolo una y otra vez, preparándose. Y cuando vio venir al chico, se dijo «Ahora va a ver».

El otro chico llegó, y él preguntó: «¿Adónde vas?», y aguardó su oportunidad...

Pero el otro chico le respondió:

—Adonde me lleven las piernas.

Ni una palabra sobre el viento, ni sobre la nada, ni sobre si existía o no... ¿Qué hacer ahora? Toda la respuesta que traía preparada le parecía absurda. Ahora parecía una tontería hablar del viento. Otra vez quedó abatido, verdaderamente avergonzado de su estupidez, pensando: «Desde luego, este chico se sabe unas cosas bien raras. Ahora me dice que adonde le lleven las piernas...»

Volvió con su maestro, y el maestro dijo:

—¡Te había dicho que no hablaras con esa gente! Son peligrosos, lo sabemos desde hace siglos. Pero ahora hay que hacer algo.

Mañana, vuelve a preguntarle adónde va, y cuando te diga: «Adonde me lleven mis piernas», tú dile: «¿Y si no tuvieras piernas?» De un modo o de otro, hay que callarle la boca.

Y así, al día siguiente, el chico le preguntó al otro: «¿Adónde vas?» y aguardó la respuesta.

Y el otro chico dijo:

—Voy al mercado, a comprar verduras.

Normalmente, la humanidad funciona basándose en el pasado... y la vida sigue cambiando. La vida no tiene ninguna obligación de ajustarse a tus conclusiones. Por eso la vida es tan desconcertante... desconcertante para la persona con conocimientos. Esa persona tiene preparadas todas las respuestas, se sabe el Bhagavad Gita, el Corán, la Biblia, los Vedas. Se lo ha aprendido todo, conoce todas las respuestas. Pero la vida nunca plantea otra vez las mismas preguntas; por eso, la persona con conocimientos se queda corta.

Sé decidido

L A MENTE nunca es decidida. No importa que se trate de la mente de una persona o de otra; la mente es indecisión. El funcionamiento de la mente consiste en vagar entre dos opciones opuestas y tratar de averiguar cuál es el camino correcto. Es como intentar encontrar la puerta con los ojos cerrados. Con toda seguridad, te encontrarás colgado entre las dos opciones: ir por aquí o por allá. Estarás siempre en una condición de «esto o lo otro». Esa es la naturaleza de la mente.

Soren Kierkegaard fue un gran filósofo danés. Escribió un libro titulado *O esto o aquello*. Era la experiencia de su propia vida: ¡nunca había sido capaz de decidir nada! Todo se le presentaba siempre de tal manera que si se decidía por *este* camino, entonces *aquel* parecía el correcto. Y si se decidía por *aquello*, entonces el correcto parecía *este* camino. Nunca se casó, aunque había una mujer que le amaba y se lo había pedido. Pero él dijo: «Tendré que pensármelo. El matrimonio es una cosa muy importante y no puedo decir que sí o que no inmediatamente.» Y murió dudando, sin llegar a casarse.

Vivió muchos años, tal vez setenta, y siempre estaba discutiendo y argumentando, pero no encontraba ninguna respuesta que pudiera considerarse definitiva y no tuviera una contraria de igual peso. No llegó nunca a ser profesor. Había rellenado la solicitud, tenía las mejores calificaciones posibles, había escrito muchos libros de tan inmensa importancia que al cabo de un siglo siguen teniendo validez, no son viejos, no han quedado anticuados... Rellenó la solicitud, pero no fue capaz de firmarla, porque... *o esto o aquello*...

¿quería ser profesor universitario o no? Encontraron la solicitud cuando murió, en la pequeña habitación donde vivía.

En los cruces de caminos se detenía para decidir si ir por aquí o por allá... ¡durante horas! Todo Copenhague conocía las rarezas de este hombre, y los niños le llamaban «Esto o aquello». Los golfillos le seguían por todas partes, gritándole: «¿Esto o aquello?»

En vista de la situación, su padre, antes de morir, liquidó todos sus negocios, reunió todo el dinero, lo depositó en una cuenta bancaria y dejó dispuesto que el primer día de cada mes Kierkegaard recibiera cierta cantidad de dinero. Así, por lo menos, podría sobrevivir durante bastante tiempo. Y esto os va a sorprender: un día primero de mes, cuando volvía a su casa después de haber cobrado el último pago —el dinero se había agotado—, se cayó en la calle y murió. ¡Con el último pago! Era lo más adecuado. ¿Qué otra cosa podía hacer? Porque después de aquel mes, ¿qué iba a hacer?

Escribía libros, pero no era capaz de decidir si publicarlos o no. Todas sus obras quedaron inéditas. Y son obras enormemente valiosas. Todos sus libros muestran una gran penetración en las cosas. Cuando escribía sobre un tema, llegaba hasta las raíces mismas, hasta el más minúsculo detalle... Era un genio, pero un genio de la mente.

Ese es el problema con la mente... y cuanto mejor mente tengas, mayor será el problema. Las mentes inferiores no se enfrentan tan a menudo con ese problema. Es la mente del genio la que se queda atascada entre dos polaridades y no sabe elegir. Y entonces se siente en un limbo.

Lo que te estoy diciendo es que lo propio de la mente es estar en un limbo. Lo propio de la mente es estar en medio de dos polaridades opuestas. A menos que te apartes de la mente y te hagas testigo de todos los juegos de la mente, nunca podrás decidir. Aunque decidas alguna que otra vez —a pesar de la mente—, te arrepentirás, porque la otra mitad, la que no has elegido, te atormentará. Puede que fuera esa la correcta y que hayas elegido mal. Y ahora no hay manera de saberlo. Puede que la opción que descartaste fuera la mejor. Pero aunque la hubieras elegido, la situación no sería diferente. Entonces será esta opción, la que ha quedado descartada, la que te atormentará.

La mente es básicamente el comienzo de la locura. Y si estás muy metido en ella, te volverá loco.

En mi pueblo yo vivía enfrente de un orfebre. Yo solía sentarme delante de su casa y me di cuenta de que tenía un hábito muy curioso: cuando cerraba su tienda, tiraba del cerrojo dos o tres veces para comprobar si estaba bien cerrado o no. Un día, yo venía del río y él acababa de cerrar su tienda y se iba a casa. Yo le dije:

—¡No lo has comprobado!

—¿Qué? —dijo él.

—No has comprobado el cerrojo —dije yo.

Sí que lo había comprobado. Yo le había visto tirar tres veces, pero ahora había creado una duda, y la mente está siempre dispuesta... Así que me dijo:

—Se me habrá olvidado. Tengo que volver.

Regresó y comprobó de nuevo el cerrojo. Aquello se convirtió en una diversión. Cada vez que me lo encontraba, por ejemplo, en el mercado, comprando verduras, yo me acercaba y le decía: «¿Qué haces aquí? Has dejado el cerrojo sin comprobar.»

> Lo propio de la mente es estar en medio de dos polaridades opuestas. A menos que te apartes de la mente y te hagas testigo de todos los juegos de la mente, nunca podrás decidir.

Él dejaba las verduras y decía: «Ahora mismo vuelvo. Primero tengo que ir a comprobar mi cerrojo.» Incluso en la estación de tren. Estaba comprando un billete para ir a alguna parte y yo me acerqué y le dije: «¿Qué haces? ¡El cerrojo!»

—¡Dios mío! —dijo él—. ¿No lo he comprobado?

—¡No! —dije yo.

—Ahora es imposible que me vaya.

Devolvió el billete, fue a su tienda y revisó el cerrojo. Pero ya era demasiado tarde para regresar a la estación. El tren ya había salido.

Y él se fiaba de mí, porque yo siempre estaba sentado enfrente de su casa.

Poco a poco, todos se enteraron del asunto, y por dondequiera que fuera, la gente le decía: «¿Dónde vas? ¿Has comprobado tu cerrojo?»

Por fin se enfadó conmigo.

> Sé consciente de la mente: su lado luminoso, su lado oscuro, su parte buena, su parte mala. Sea cual sea la polaridad, sé consciente de ella. De esa consciencia saldrán dos cosas; la primera, que tú no eres la mente; y la segunda, que la consciencia tiene un poder de decisión del que la mente carece.

—Has tenido que ser tú el que ha corrido la voz —dijo—, porque vaya donde vaya, todos hablan de mi cerrojo.

—Pues no les hagas caso —le dije—. Que digan lo que quieran.

—¿Cómo que no les haga caso? Si dicen la verdad, estoy perdido para siempre. No puedo correr ese riesgo. Así que, aunque sé perfectamente que pueden estar mintiendo, tengo que venir compulsivamente a comprobar el cerrojo. Sé más o menos que lo he comprobado ya, pero ¿quién puede estar seguro?

La mente no está segura de nada.

Si estás entre las dos polaridades de la mente, en un limbo, siempre hacer o no hacer, te volverás loco. ¡*Estás* loco! Antes de que ocurra, salta fuera y echa un vistazo desde el exterior de tu mente.

Sé consciente de la mente: su lado luminoso, su lado oscuro, su parte buena, su parte mala. Sea cual sea la polaridad, sé consciente de ella. De esa consciencia saldrán dos cosas; la primera, que tú no eres la mente; y la segunda, que la consciencia tiene un poder de decisión del que la mente carece.

La mente es básicamente indecisa, y la consciencia es básicamente decidida. Cualquier acto que parta de la conciencia es total, pleno, sin arrepentimiento.

Nunca en mi vida he pensado dos veces las cosas, en si algo habría sido mejor de otro modo. Nunca me he arrepentido. Nunca he pensado que había cometido un error, porque no quedaba nadie más para decir esas cosas. He actuado según mi conciencia, que es todo mi ser. Ahora, cualquier cosa que ocurra es la única posible. El mundo puede decir que está bien o que está mal, pero eso es asunto suyo, no es mi problema.

Así pues, la conciencia te sacará del limbo. En lugar de quedarte colgado entre esas dos polaridades de la mente, salta lejos de las dos y podrás ver que esas polaridades solo son polaridades si estás en la mente. Si estás fuera de ella, te sorprenderá ver que son dos caras de la misma moneda. No había posibilidad de elegir.

Con la conciencia adquieres claridad, totalidad, soltura... la existencia decide dentro de ti. No tienes que pensar en qué está bien y qué está mal. La existencia te lleva de la mano y tú te mueves de manera relajada. Es la única manera, la manera correcta. Y es la única manera de que te mantengas cuerdo; de lo contrario, siempre estarás confuso.

El caso es que Soren Kierkegaard tenía una gran mente, pero como era cristiano no conocía el concepto de la conciencia. Podía pensar, y pensar cosas muy profundas, pero no podía quedarse en silencio y observar. Aquel pobre hombre nunca había oído hablar de cosas como observar, ser testigo, ganar conciencia. Solo había oído hablar de pensar, y aplicó todo su genio a pensar. Produjo grandes libros, pero fue incapaz de procurarse una gran vida. Vivió en una completa miseria.

Completa cada momento

꩜

POR QUÉ es necesario pensar? Querías matar a alguien y no lo has matado... lo matas en tus sueños. Eso relajará tu mente. Por la mañana te sentirás fresco: lo has matado. No estoy diciendo que vayas y lo mates, y así no tendrás necesidad de soñar. Pero recuerda esto: si quieres matar a alguien, cierra tu habitación y medita sobre el homicidio y mátalo conscientemente. Cuando digo «mátalo», me refiero a que mates a una almohada; haz una efigie y mátala. Ese esfuerzo consciente, esa meditación consciente te dará mucha visión de tu ser interno.

Recuerda una cosa: haz que cada momento sea completo. Vive cada momento como si no fuera a haber otro. Solo entonces lo completarás. Sé consciente de que la muerte puede venir en cualquier momento. Este puede ser el último. Siente que «si tengo que hacer algo, debo hacerlo aquí y ahora, *¡completamente!*».

Me contaron una historia sobre un general griego. Por alguna razón, el rey estaba enemistado con él. Había una conspiración en la corte y era el cumpleaños del general. Estaba celebrándolo con sus amigos. De pronto, a primera hora de la tarde, llegó un emisario del rey y le dijo al general: «Perdonadme, se me hace difícil decíroslo, pero el rey ha decidido que esta tarde, a las seis en punto, seréis ahorcado. Así que procurad estar preparado para las seis.»

Los amigos del general estaban allí; sonaba la música; había bebida, comida y baile. Era su cumpleaños. El mensaje cambió por completo el ambiente. Todos se pusieron tristes. Pero el general dijo: «No os pongáis tristes, porque esta va a ser la última fiesta de mi vida. Así que completemos el baile que estábamos bailando y

166

completemos la fiesta que estábamos celebrando. Ya no tendré más posibilidades, no podremos completarla en el futuro. Y no os despidáis de mí con este ambiente tan triste; si lo hacéis, mi mente suspirará por la vida una y otra vez, y la música interrumpida y la fiesta suspendida se convertirán en una carga para mi mente. No hay tiempo para interrumpirla ahora.»

Por consideración a él, siguieron bailando, pero se les hacía difícil. Él era el único que bailaba cada vez con más energía; solo él vivía la fiesta... pero los demás no estaban por la labor. Su mujer lloraba, pero él seguía bailando, seguía charlando con sus amigos. Y estaba tan contento que el mensajero volvió con el rey y le dijo: «Qué hombre más raro. Ha oído el mensaje, pero no se ha entristecido. Se lo ha tomado de un modo muy diferente... absolutamente inconcebible. Está riendo y bailando, está de fiesta y dice que como estos momentos son los últimos y no tiene futuro, no puede desperdiciarlos... tiene que vivirlos.»

El propio rey fue a ver lo que estaba ocurriendo. Todos estaban tristes, llorando. Solo el general seguía bailando, bebiendo, cantando. El rey le preguntó: «¿Qué haces?»

> Recuerda una cosa: haz que cada momento sea completo. Vive cada momento como si no fuera a haber otro. Solo entonces lo completarás. Sé consciente de que la muerte puede venir en cualquier momento. Este puede ser el último.

El general respondió: «Este ha sido el principio que ha regido mi vida: ser consciente en todo momento de que la muerte puede llegar en cualquier instante. Gracias a este principio, he vivido cada momento tan intensamente como era posible. Pero, naturalmente, hoy lo habéis dejado tan claro... Os estoy agradecido porque hasta ahora solo *pensaba* que la muerte puede llegar en cualquier instante. Era solo un pensamiento. En alguna parte, agazapado, estaba el pensamiento de que no iba a ocurrir en el próximo instante.

El futuro estaba ahí. Pero vos me habéis privado por completo de futuro. Esta tarde es la última. La vida es tan corta que no puedo aplazarla.»

El rey se impresionó tanto que se convirtió en discípulo de aquel hombre. «¡Enséñame! —le dijo—. Esto es la alquimia. Así es como debe vivirse la vida; esto es el arte. No te voy a ahorcar, pero sé mi maestro. Enséñame cómo vivir el momento.»

Estamos siempre aplazando. Ese aplazamiento se convierte en un diálogo interior, en un monólogo interior. No aplaces. Vive aquí y ahora. Cuanto más vivas en el presente, menos necesitarás esa constante actividad mental, ese constante pensar. ¡Lo necesitarás cada vez menos! Está ahí a causa de los aplazamientos, y seguimos aplazándolo todo. Vivimos siempre en el mañana, que nunca llega y no puede llegar; es imposible. Lo que llega es siempre el hoy, y nosotros seguimos sacrificando el hoy al mañana, que no existe. Entonces la mente sigue pensando en el pasado, que ya has destruido, que has sacrificado en aras de algo que aún no ha llegado. Y después sigues aplazando las cosas para otros mañanas.

> El aplazamiento se convierte en un diálogo interior, en un monólogo interior. No aplaces. Vive aquí y ahora. Cuanto más vivas en el presente, menos necesitarás esa constante actividad mental, ese constante pensar.

Sigues pensando que lo que te has perdido lo conseguirás en algún momento futuro. ¡No lo conseguirás! Esa constante tensión entre pasado y futuro, ese constante perderse el presente, es el ruido interior. Si no lo paras, no puedes caer en el silencio. Así que lo primero es intentar ser total en todo momento.

Y otra cosa: tu mente es tan ruidosa porque siempre estás pensando que los causantes son otros, que tú no eres responsable. Y así, sigues pensando que en un mundo mejor —con una esposa mejor, con un marido mejor, con hijos mejores, con una casa mejor en un sitio mejor— todo irá bien y tú podrás quedar en silencio. Crees que no estás en silencio porque todo va mal a tu alrededor, y así cómo vas a poder.

Si piensas de este modo, si esta es tu lógica, entonces ese mundo mejor nunca llegará a existir. En todas partes este será el mundo, en todas partes estos serán tus vecinos, y en todas partes estas serán las esposas y estos serán los maridos y estos serán los hijos. Puedes crear la ilusión de que el cielo existe en alguna parte, pero por todas partes encuentras un infierno. Con este tipo de mente, todo es un infierno. Esa *mente* es un infierno.

Un día, el mulá Nasruddin y su mujer regresaban a casa a altas horas de la noche. En la casa habían entrado ladrones, y la mujer se puso a chillar. Después le dijo al mulá:

—¡La culpa es tuya! ¿Por qué no cerraste bien cuando salimos?

Para entonces, todo el vecindario se había congregado. Era una noticia sensacional. ¡Han robado en la casa del mulá! Todos lo repetían a coro. Uno de los vecinos dijo:

—Yo ya me lo esperaba. ¿Cómo es que tú no? Qué descuidado eres.

Otro vecino dijo:

—Dejaste las ventanas abiertas. ¿Por qué no las cerraste antes de salir de casa?

Un tercero dijo:

—Esta cerradura parece estropeada. ¿Por qué no la cambiaste?

Y todos le echaban la culpa al mulá Nasruddin.

Entonces él dijo:

—Un momento, por favor. La culpa no es mía.

Y todo el vecindario le preguntó a coro:

—¿Y de quién crees que es la culpa, si no es tuya?

> Sigues pensando que lo que te has perdido lo conseguirás en algún momento futuro. ¡No lo conseguirás! Esa constante tensión entre pasado y futuro, ese constante perderse el presente, es el ruido interior.

169

—¿Qué me decís del ladrón? —dijo el mulá.

La mente siempre echa la culpa a algún otro. La mujer culpa al mulá Nasruddin, todo el vecindario culpa al mulá Nasruddin, y el pobre hombre no puede echar la culpa a ninguno de los presentes, así que dice: «¿Qué me decís del ladrón?»

Siempre echamos la culpa a otros. Esto te da la ilusoria sensación de que no has obrado mal. Quien ha obrado mal es algún otro: X, Y, Z... Y esta actitud es una de las actitudes básicas de nuestra mente. La culpa de todo la tiene siempre otro, y si podemos encontrar un chivo expiatorio, nos quedamos tranquilos; nos hemos librado de un peso.

Para el que busca, esta mente no sirve de nada; es un impedimento. Esta mente es el impedimento. Debemos darnos cuenta de que, en cualquier situación, en cualquier circunstancia, el responsable eres *tú* y nadie más. Si tú eres responsable, entonces algo se puede hacer. Si el responsable es algún otro, no se puede hacer nada.

Este es un conflicto básico entre la mente religiosa y la mente irreligiosa. La mente irreligiosa siempre piensa que el responsable es algún otro. Que cambie la sociedad, que cambien las circunstancias, que cambien las condiciones económicas, que cambie la situación política, que cambie *algo*, y todo irá bien. Pero lo hemos cambiado todo un montón de veces, y nada va bien. La mente religiosa dice que, sea cual sea la situación, si tu mente es así siempre estarás en el infierno, tu vida será un sufrimiento. Nunca podrás alcanzar el silencio.

Carga tú con la responsabilidad. Sé responsable, porque entonces se podrá hacer algo. Solo puedes hacer algo contigo mismo. No puedes cambiar a ninguna otra persona del mundo, solo puedes cambiarte a ti mismo. Esta es la única revolución posible. La única transformación posible es la propia. Pero esto solo se llega a considerar cuando nos sentimos responsables.

Deja de intentar ser bueno

EL ÚNICO pecado es la inconsciencia y la única virtud es la conciencia. Lo que no se puede hacer sin inconsciencia es pecado. Lo que solo se puede hacer mediante la conciencia es virtud. Es imposible cometer un asesinato si eres consciente; es imposible ser violento en forma alguna... si eres consciente. Es imposible violar, robar, torturar... todo eso es imposible si hay conciencia. Solo cuando la inconsciencia predomina, en las tinieblas de la inconsciencia, toda clase de enemigos penetran en ti.

Buda decía: «Si hay luz en una casa, los ladrones la evitan; y si el vigilante está despierto, los ladrones ni lo intentan. Y si hay gente andando y hablando dentro, y los habitantes todavía no se han quedado dormidos, no es posible que los ladrones entren, ni siquiera se les ocurre pensar en ello.»

Exactamente lo mismo ocurre contigo. Eres una casa sin ninguna luz. El estado ordinario del ser humano es el funcionamiento mecánico: *Homo mechanicus*. Solo tienes de humano el nombre; por lo demás, eres solo una máquina adiestrada y habilidosa, y cualquier cosa que hagas será errónea. Y recuerda, digo que *cualquier cosa* que hagas; ni siquiera tus virtudes serán virtudes si estás inconsciente. ¿Cómo vas a poder ser virtuoso estando inconsciente? Detrás de tu virtud vendrá un gran, un enorme ego. Tiene que ser así.

Incluso la santidad, practicada, cultivada con gran trabajo y esfuerzo, es fútil. Porque no acarreará sencillez y no acarreará humildad, y no acarreará esa gran experiencia de lo divino, que solo se da cuando el ego ha desaparecido. Vivirás una vida respetable como santo, pero tan pobre como la de cualquier otro: podrida por dentro, una existencia sin sentido por dentro. Eso no es vida, es solo vegetar. Tus pecados serán pecados, tus virtudes también serán pecados. Tu inmoralidad será inmoralidad, tu moralidad también será inmoralidad.

Yo no enseño moralidad, ni enseño virtud... porque sé que sin conciencia son solo pretensiones, hipocresías. Te hacen falso. No te liberan, no pueden liberarte. Por el contrario, te aprisionan.

> ¿Cómo vas a poder ser virtuoso estando inconsciente? Detrás de tu virtud vendrá un gran, un enorme ego. Tiene que ser así. Incluso la santidad, practicada, cultivada con gran trabajo y esfuerzo, es fútil. Porque no acarreará sencillez y no acarreará humildad.

Solo una cosa es suficiente: la conciencia es una llave maestra. Abre todas las cerraduras de la existencia. La conciencia significa vivir momento a momento, estar alerta, consciente de ti mismo y consciente de todo lo que ocurre a tu alrededor en una respuesta momento a momento. Eres como un espejo, reflejas. Y reflejas de un modo tan total que todo lo que se hace basándose en ese reflejo está bien hecho, porque encaja, está en armonía con la existencia. En realidad no surge en ti, no eres tú el *hacedor*. Surge en el contexto total: la situación, tú y todo lo demás participáis en ello. De esa totalidad nace el acto. No es tu acto, tú no has decidido hacerlo así. No es una decisión tuya, no es idea tuya, no es tu carácter. No lo estás haciendo tú, solo estás dejando que ocurra.

Es como si salieras a pasear a primera hora de la mañana, cuando el sol aún no ha salido, y encuentras una serpiente en el camino. No hay tiempo para pensar. Solo puedes reflejar, no hay tiempo para decidir qué hacer y qué no hacer. ¡Saltas inmediatamente! Fíjate en la palabra *inmediatamente*: no se pierde ni un solo instante; saltas inmediatamente fuera del camino. Más tarde, podrás sentarte bajo un árbol y pensar en ello: qué ocurrió, cómo lo hiciste, y te puedes dar una palmadita en la espalda por haberlo hecho bien. Pero en realidad, tú no lo hiciste; es algo que ocurrió. Ocurrió en un contexto total. Tú, la serpiente, el peligro de muerte, el esfuerzo de la vida por protegerse... y mil y una cosas más, todo forma parte. La situación total ocasionó el acto. Tú solo fuiste un *médium*.

Ahora bien, este acto *encaja*. Tú no eres el hacedor. En términos religiosos, podríamos decir que Dios lo ha hecho por medio de ti. Eso no es más que una manera religiosa de hablar, nada más. El todo ha actuado por medio de la parte.

Esto es virtud. Nunca te arrepentirás de ello. Y es un acto verdaderamente liberador. En cuanto ocurre, ha terminado. Quedas otra vez libre para actuar; no llevarás esa acción en la cabeza. No pasará a formar parte de tu memoria psicológica. No dejará ninguna herida en tu interior. Fue tan espontáneo que no dejará ninguna huella. Este acto nunca se convertirá en un *karma*. Este acto no dejará ninguna marca en ti. El acto que se convierte en un *karma* es el que no es un verdadero acto sino una reacción: algo que procede del pasado, de la memoria, del pensamiento. Eres tú quien decide, quien elige. No surge de la conciencia, sino de la inconsciencia. Entonces, todo es pecado.

> Yo no enseño moralidad, ni enseño virtud... porque sé que sin conciencia son solo pretensiones, hipocresías. Te hacen falso. No te liberan, no pueden liberarte. Por el contrario, te aprisionan.

Todo mi mensaje es que necesitas una conciencia, no un carácter. La conciencia es lo auténtico, el carácter es una falsa entidad. El carácter es necesario para los que no tienen conciencia. Si tienes ojos, no necesitas un bastón para tantear tu camino, para andar a tientas. Si puedes ver, no tienes que preguntar a otros dónde está la puerta.

El carácter es necesario porque la gente está inconsciente. El carácter es solo un lubricante; te ayuda a vivir tu vida de un modo más suave. George Gurdjieff decía que el carácter es como un amortiguador, como los topes de los vagones de tren. Entre cada dos vagones hay topes; si algo ocurre, esos amortiguadores impiden que los compartimentos choquen. O como los amortiguadores de los coches: son muelles para rodar con suavidad. Los muelles absorben los choques, amortiguan los choques. Eso es el carácter: un amortiguador de choques.

> El carácter es necesario para los que no tienen conciencia. Si tienes ojos, no necesitas un bastón para tantear tu camino, para andar a tientas. Si puedes ver, no tienes que preguntar a otros dónde está la puerta.

A la gente se le dice que sea humilde. Si aprendes a ser humilde, eso te sirve de amortiguador de choques. Si aprendes a ser humilde, podrás protegerte de los egos ajenos. No te harán tanto daño, porque eres una persona humilde. Si eres egoísta, te harán daño una vez tras otra —el ego es muy sensible—, así que proteges tu ego cubriéndolo con una manta de humildad. Es una ayuda, te da una cierta suavidad. Pero no te transforma.

Mi trabajo consiste en la transformación. Esta es una escuela alquímica. Quiero que te transformes, de la inconsciencia a la conciencia, de la oscuridad a la luz. No puedo darte un carácter; solo puedo darte penetración, conciencia. Me gustaría que vivieras momento a momento, no siguiendo una pauta que te doy yo o que te da la sociedad, la iglesia, el estado. Me gustaría que vivieras siguiendo tu propia y pequeña luz de la conciencia, según tu propia conciencia.

Debes responder a cada momento. El carácter significa que tienes respuestas preparadas para todas las cuestiones de la vida, así que cuando se presenta una situación tú respondes según la pauta prefijada. Dado que respondes con una respuesta preparada, eso no es una verdadera respuesta, es solo una reacción. El hombre de carácter reacciona, el hombre de conciencia responde: asimila la situación, refleja la realidad tal como es, y actúa basándose en ese reflejo. El hombre de carácter reacciona, el hombre de conciencia actúa. El hombre de carácter es mecánico, funciona como un robot. Tiene un ordenador en su mente, lleno de información; pregúntale cualquier cosa y de su ordenador saldrá una respuesta ya preparada.

Un hombre de conciencia simplemente actúa en el momento, sin guiarse por el pasado o por la memoria. Su respuesta tiene una belleza, una naturalidad, y es una respuesta fiel a la situación. El hombre de carácter siempre se queda corto, porque la vida está cambiando constantemente; nunca es la misma. Y tus respuestas son siempre las mismas, nunca crecen. No pueden crecer, están muertas.

Cuando eras niño te dijeron ciertas cosas; siguen ahí. Tú has crecido, la vida ha cambiado, pero la respuesta que te dieron tus padres o tus profesores o tus sacerdotes sigue estando ahí. Y si algo ocurre, tú funcionarás según esa respuesta que te dieron hace cincuenta años. Y en cincuenta años ha bajado mucha agua por el Ganges. La vida es totalmente diferente.

> El carácter significa que tienes respuestas preparadas para todas las cuestiones de la vida, así que cuando se presenta una situación tú respondes según la pauta prefijada. Dado que respondes con una respuesta preparada, eso no es una verdadera respuesta, es solo una reacción.

Decía Heráclito que no puedes bañarte dos veces en el mismo río. Y yo te digo que no puedes bañarte en el mismo río ni una sola vez; el río fluye demasiado rápido.

El carácter está estancado; es una charca de agua sucia. La conciencia es un río.

Por eso yo no le doy a mi gente ningún código de conducta. Les doy ojos para ver, una conciencia para reflejar, un ser como un espejo para responder a cualquier situación que se presente. No les doy información detallada sobre lo que hay que hacer y lo que no hay que hacer. No les doy diez mandamientos. Y si empiezas a darles mandamientos, no puedes pararte en diez, porque la vida es mucho más compleja.

En las escrituras budistas hay treinta y tres mil reglas para el monje budista. ¡Treinta y tres mil reglas! Para cada posible situación que pueda presentarse tienen una respuesta preparada. Pero ¿cómo vas a recordar treinta y tres mil reglas de conducta? Y un hombre que sea lo bastante listo para recordar treinta y tres mil reglas de conducta será siempre lo bastante listo para encontrar una manera de salirse de ellas; si no quiere hacer una cosa, encontrará una salida; si quiere hacer una cosa, encontrará una salida.

> Un hombre que sea lo bastante listo para recordar treinta y tres mil reglas de conducta será siempre lo bastante listo para encontrar una salida; si no quiere hacer una cosa, encontrará una salida; si quiere hacer una cosa, encontrará una salida.

He oído contar que a un santo cristiano un hombre le pegó en la cara porque aquel día, en su sermón matutino, había dicho: «Jesús dice que si alguien os pega en una mejilla, le ofrezcáis la otra.» Y el hombre quería ponerlo a prueba, así que le pegó, le pegó con fuerza en una mejilla. Y el santo fue verdaderamente fiel a su palabra: le presentó la otra mejilla. Pero aquel hombre era un caso: le pegó aún más fuerte en la otra mejilla. Entonces se llevó una sorpresa: el santo saltó sobre él y empezó a pegarle con tanta fuerza que el hombre dijo: «¿Pero qué haces? Eres un santo, y esta misma mañana decías que si alguien te pega en una mejilla, debes ofrecerle la otra.»

—Sí —dijo el santo—. Pero no tengo una tercera mejilla, y Jesús se detuvo ahí. Ahora soy libre. Ahora voy a hacer lo que quiero. Jesús no tiene más información sobre el tema.

Ocurrió exactamente lo mismo en vida de Jesús. En una ocasión le dijo a un discípulo: «Perdona siete veces.» Y el discípulo dijo: «Vale.» La manera en que dijo «vale» hizo sospechar a Jesús, que entonces dijo: «Quiero decir que perdones setenta y siete veces.»

El discípulo se desconcertó un poco, pero dijo: «Vale... porque los números no terminan con el setenta y siete. ¿Qué pasa con el setenta y ocho? Entonces seré libre, podré hacer lo que quiera.»

¿Cuántas reglas puedes imponer a la gente? Es estúpido, absurdo. Esa es la manera que tiene la gente de ser religiosa, y aun así no es religiosa. Siempre encuentran una manera de salirse de las reglas de conducta y los mandamientos. Siempre pueden encontrar una salida por la puerta trasera. Y el carácter puede darte, como máximo, una seudomáscara tan fina como la piel; ni siquiera como la piel: basta rascar un poquito a vuestros santos y encontraréis a la bestia escondida detrás. En la superficie parecen bellos, pero solo en la superficie.

Yo no quiero que seáis superficiales; quiero que cambiéis *de verdad*. Pero un auténtico cambio solo se produce en el centro de vuestro ser, no en la circunferencia. El carácter es como pintar la circunferencia; la conciencia es la transformación del centro.

EN EL MOMENTO EN QUE EMPIEZAS A VER TUS DEFECTOS, estos empiezan a caer como hojas secas. Y entonces, ya no hay que hacer nada más. Con verlos es suficiente. Lo único que hace falta es ser consciente de tus defectos. Con esa conciencia, empiezan a desaparecer, se evaporan.

Uno solo puede seguir cometiendo los mismos errores si es inconsciente de ellos. Cuando uno es inconsciente sigue cometiendo los mismos errores, y aunque intente cambiar seguirá cometiendo el mismo error con alguna otra forma, en alguna otra variante. ¡Los hay de todos los tamaños y formas! Puedes intercambiarlos, sustituir unos por otros, pero no puedes librarte de ellos porque en el fondo tú no ves que eso sea un defecto. Puede que otros te lo digan, porque ellos lo ven...

Por eso todo el mundo se considera a sí mismo tan bello, tan inteligente, tan virtuoso, tan santo... y nadie más está de acuerdo. La razón es bien sencilla: miras a los otros y ves su realidad, pero en lo referente a ti mismo mantienes ficciones, hermosas ficciones. Todo lo que sabes de ti mismo es más o menos un mito; no tiene nada que ver con la realidad.

> En cuanto uno ve sus propios defectos, se produce un cambio radical. Por eso todos los Budas de todas las épocas han enseñado una sola cosa: conciencia. El carácter lo enseñan los sacerdotes, los políticos, pero no los budas. Los Budas te enseñan conciencia, pero no conciencia moral.

En cuanto uno ve sus propios defectos, se produce un cambio radical. Por eso todos los Budas de todas las épocas han enseñado una sola cosa: conciencia. No te enseñan carácter; el carácter lo enseñan los sacerdotes, los políticos, pero no los Budas. Los Budas te enseñan conciencia, pero no conciencia moral.

Esta conciencia moral es una jugarreta que te hacen otros; otros te dicen lo que está bien y lo que está mal. Te meten ideas a la fuerza, y te las meten desde que eres muy pequeño. Cuando eres tan inocente, tan vulnerable, tan delicado que existe la posibilidad de dejar huella en ti, de dejar una impresión. Te han condicionado desde el principio mismo. A este condicionamiento lo llaman «conciencia» y esa conciencia domina siempre toda tu vida. La conciencia moral es una estrategia de la sociedad para esclavizarte.

Los Budas enseñan conciencia. Esta conciencia significa que no tienes que aprender de otros lo que está bien y lo que está mal. No hay necesidad de aprender de nadie, solo tienes que ir hacia dentro. El viaje al interior es suficiente: cuanto más profundices, más conciencia se libera. Cuando llegas al centro estás tan lleno de luz que la oscuridad desaparece.

Cuando enciendes la luz en tu habitación no tienes que empujar a la oscuridad para que salga. La presencia de la luz es suficiente, porque la oscuridad es solo la ausencia de luz. Lo mismo son todas tus locuras e insensateces.

Un hombre vestido de Adolf Hitler va al psiquiatra.

—Como puede ver, no tengo problemas —dice—. Tengo el ejército más poderoso del mundo, todo el dinero que quiero y todos los lujos que uno pueda imaginar.

—Entonces, ¿qué le preocupa? —pregunta el psiquiatra.

—Es mi mujer —dice el hombre—. Cree que es la señora de Martínez.

No te rías del pobre hombre. No es otro sino tú.

Un hombre va a la sastrería y ve a un tipo colgado de un brazo en el centro del techo.

—¿Qué hace ese ahí? —pregunta.

—Bah, no le haga caso —dice el sastre—. Se cree una bombilla.

—¿Y por qué no le dice que no lo es? —pregunta el asombrado cliente.

—¿Cómo? —replica el sastre—. ¿Y trabajar a oscuras?

> Cuando enciendes la luz en tu habitación no tienes que empujar a la oscuridad para que salga. La presencia de la luz es suficiente, porque la oscuridad es solo la ausencia de luz. Lo mismo son todas tus locuras e insensateces.

En cuanto sabes que estás loco, dejas de estar loco. Este es el único criterio de cordura. En cuanto sabes que eres ignorante, te vuelves sabio.

El oráculo de Delfos declaró que Sócrates era el hombre más sabio del mundo. Unos cuantos corrieron a decírselo a Sócrates.

—¡Alégrate, ya puedes estar satisfecho! El oráculo de Delfos ha dicho que eres el hombre más sabio del mundo.

—¡Qué tontería! —dijo Sócrates—. Yo solo sé una cosa: que no sé nada.

La gente estaba desconcertada. Volvieron al templo y le dijeron al oráculo:

—Tú dices que Sócrates es el hombre más sabio del mundo, pero él lo niega. Dice que, por el contrario, es un completo ignorante. Dice que solo sabe una cosa: que no sabe nada.

El oráculo se echó a reír y dijo:

—Por eso he declarado que es el hombre más sabio del mundo. Precisamente porque sabe que es un ignorante.

Las personas ignorantes se creen sabias. Las personas locas se creen las más cuerdas de todas.

Forma parte de la naturaleza humana el estar siempre mirando hacia fuera. Miramos a todos, excepto a nosotros mismos; por eso sabemos más de los otros que de nosotros mismos. De nosotros mismos no sabemos nada. No somos testigos del funcionamiento de nuestra propia mente, no vigilamos nuesto interior.

Es preciso dar un giro de ciento ochenta grados. En eso consiste la meditación. Tienes que cerrar los ojos y empezar a mirar. Al principio solo verás oscuridad y nada más. Y muchas personas se asustan y se apresuran a salir, porque fuera hay luz.

Sí, fuera hay luz, pero esa luz no te va a iluminar, esa luz no te va a ayudar nada. Necesitas luz interior, una luz que tiene su origen en tu propio ser, una luz que no se puede apagar ni siquiera con la muerte, una luz que es eterna. Y tú la tienes, el potencial está ahí. Naces con ella, pero la estás manteniendo oculta en la parte de atrás; nunca la miras.

Y como has mirado hacia fuera durante siglos, durante muchas vidas, se ha convertido en un hábito mecánico. Incluso cuando duermes, miras tus sueños... sueños que son reflejos del exterior. Cuando cierras los ojos, empiezas a tener ensoñaciones o a pensar; eso significa que sigues interesado en otros. Esto se ha convertido en un hábito tan crónico que ni siquiera quedan pequeños intervalos, pequeñas ventanas que den al interior de tu ser, por donde puedas tener un vislumbre de lo que eres.

Al principio es un gran esfuerzo, es arduo, es difícil... pero no es imposible. Si estás decidido, si te has comprometido a la exploración interior, tarde o temprano ocurrirá. Solo tienes que seguir excavando, tienes que seguir luchando con la oscuridad. Pronto pasarás al otro lado de la oscuridad y entrarás en el reino de la luz. Y esa luz es auténtica luz, mucho más auténtica que la luz del sol o la de la luna, porque todas las luces que están fuera son temporales; solo duran un cierto tiempo. Incluso el sol morirá algún día. No solo las lámparas pequeñas agotan sus recursos y se apagan por la mañana; incluso el sol, con sus inmensos recursos, está muriendo día a día. Tarde o temprano se convertirá en un agujero negro. Morirá y no saldrá de él nada de luz. Por mucho que dure su vida, no es eterno. La luz interior es eterna; no tiene principio ni fin.

No me interesa decirte que te libres de tus defectos, que seas bueno, que mejores tu carácter... no, en absoluto. No me interesa nada tu carácter. Lo único que me interesa es tu conciencia.

Hazte más alerta, más consciente. Profundiza cada vez más en ti mismo hasta que encuentres el centro de tu ser. Estás viviendo en la periferia, y en la periferia siempre hay turbulencias. Cuanto más profundizas, mayor es el silencio que predomina. Y en estas experiencias de silencio, luz, alegría, tu vida empieza a desplazarse hacia una dimensión diferente. Los errores, las equivocaciones, empiezan a desaparecer.

Así que no te preocupes por los errores, las equivocaciones y los defectos. Preocúpate de una sola cosa, de un solo fenómeno. Concentra toda tu energía en un único objetivo: cómo hacerte más consciente, cómo despertar más. Si pones toda tu energía en ello, tiene que ocurrir, es inevitable. Es un derecho que tienes por nacimiento.

LA MORAL SE OCUPA DE LAS BUENAS CUALIDADES y las malas cualidades. Un hombre es bueno —según la moral— cuando es honrado, sincero, auténtico, digno de confianza.

El hombre de conciencia no solo es bueno, es mucho más. Para el hombre bueno, la bondad lo es todo; para el hombre de conciencia, la bondad es solo un subproducto. En cuanto te haces consciente de tu propio ser, la bondad te sigue como una sombra. Ya no es necesario hacer ningún esfuerzo por ser bueno; la bondad se convierte en tu modo de ser. Eres bueno, como los árboles son verdes.

Pero el «hombre bueno» no es necesariamente consciente. Su bondad es el resultado de un gran esfuerzo, está luchando con sus malas cualidades: la tendencia a robar, la deslealtad, la insinceridad, la violencia. En el hombre bueno siguen existiendo, solo que reprimidas; pueden hacer erupción en cualquier momento.

> El hombre bueno puede transformarse en un hombre malo con mucha facilidad, sin ningún esfuerzo... porque todas esas malas cualidades están ahí, solo que aletargadas, reprimidas a base de esfuerzo. Si deja de esforzarse, inmediatamente harán erupción en su vida.

El hombre bueno puede transformarse en un hombre malo con mucha facilidad, sin ningún esfuerzo... porque todas esas malas cualidades están ahí, solo que aletargadas, reprimidas a base de esfuerzo. Si deja de esforzarse, inmediatamente harán erupción en su vida. Y las buenas cualidades son solo cultivadas, no naturales. Se ha esforzado mucho por ser honrado y sincero, por no mentir... pero ha sido un gran esfuerzo y eso cansa.

El hombre bueno está siempre serio, porque tiene miedo de todas las malas cualidades que ha reprimido. Y está serio porque en el fondo desea que le honren por su bondad, que le premien. Lo que anhela es ser respetable. La mayoría de los que llamáis santos son solo «hombres buenos».

Solo existe una manera de trascender del «hombre bueno», y es aportar más conciencia a tu ser. La conciencia no es algo que se pueda cultivar; está ya ahí, solo hay que despertarla. Cuando estás totalmente despierto, todo lo que hagas será bueno, y lo que no hagas es malo.

El hombre bueno tiene que hacer inmensos esfuerzos para hacer el bien y evitar el mal. El mal es una tentación constante para él. Es una elección: en todo momento debe elegir el bien y no elegir el mal. Por ejemplo, un hombre como el mahatma Gandhi... era un hombre bueno: toda su vida se esforzó por estar en el lado del bien. Pero a los setenta años de edad todavía tenía sueños sexuales, que le producían mucha angustia. «En mis horas de vigilia, puedo mantenerme completamente libre del sexo. Pero ¿qué puedo hacer cuando estoy dormido? Todo lo que reprimo durante el día vuelve a surgir por la noche.»

Esto demuestra una cosa: que eso no se ha ido a ninguna parte, que sigue dentro de ti, aguardando. En cuanto te relajas, en cuanto dejas de hacer esfuerzo —y al dormir tienes por lo menos que relajarte y dejar de esforzarte por ser bueno—, todas las malas cualidades que habías estado reprimiendo empezarán a llenar tus sueños. Tus sueños son tus deseos reprimidos.

El hombre bueno está en constante conflicto. Su vida no es una vida alegre; no puede reír cordialmente, no puede cantar, no puede bailar. Está juzgándolo todo constantemente. Su mente está llena de condenas y juicios. Y como él se esfuerza tanto por ser bueno, juzga a los demás según los mismos criterios. No puede aceptarte tal como eres; solo puede aceptarte si cumples sus exigencias de bondad. Y como no puede aceptar a la gente tal como es, la condena. Todos vuestros santos se hincharon a condenar a todo el mundo; según ellos, todos sois pecadores.

No son estas las cualidades del hombre auténticamente religioso. El hombre auténticamente religioso no tiene juicios ni condenas. Solo sabe una cosa: que ningún acto es bueno y ninguno es malo... la conciencia es buena y la inconsciencia es mala. El inconsciente puede incluso hacer algo que a todo el mundo le parece bueno, pero para el hombre religioso no es bueno. Y puedes hacer algo malo, y todos te condenarán *excepto* el hombre religioso. Él no puede condenarte, porque no eres consciente; necesitas compasión, no juicio, no condena. No mereces el infierno, nadie merece el infierno.

Cuando se llega a un punto de absoluta conciencia, ya no es cuestión de elegir... simplemente, haces cualquier cosa y es buena. La haces inocentemente, como tu sombra cuando te sigue, sin esfuerzo. Si tú corres, la sombra corre; si te paras, la sombra se para... pero no hay esfuerzo por parte de la sombra.

Al hombre de conciencia no se le debe considerar sinónimo de hombre bueno. Es bueno... pero de un modo muy diferente, desde un ángulo muy diferente. No es bueno porque esté *intentando* ser bueno; es bueno porque es consciente. Y en la conciencia, el mal, lo malo, todas esas palabras condenatorias, desaparecen como desaparece la oscuridad al llegar la luz.

> Cuando se llega a un punto de absoluta conciencia, ya no es cuestión de elegir... simplemente, haces cualquier cosa y es buena. La haces inocentemente, como tu sombra cuando te sigue, sin esfuerzo.

Las religiones han decidido quedar reducidas a simples sistemas morales. Son códigos éticos; son útiles para la sociedad, pero no son útiles para ti, no son útiles para el individuo. Son conveniencias creadas por la sociedad. Naturalmente, si todo el mundo empezara a robar, la vida se haría imposible; si todos empezaran a mentir, la vida se haría imposible; si todos fueran deshonestos, no podrías existir. Así pues, en el nivel más bajo, la moral es necesaria para la sociedad; es una utilidad social, pero no es una revolución religiosa.

No te des por satisfecho con ser simplemente bueno.

Recuerda: tienes que llegar a un punto en el que no tengas ni que pensar qué es bueno y qué es malo. Tu misma conciencia, te lleva hacia lo que es bueno. No hay represión. Yo no diría que el mahatma Gandhi fue un hombre de conciencia; solo fue un hombre bueno... y se esforzó a fondo por ser bueno. No dudo de sus intenciones, pero estaba obsesionado por la bondad.

Un hombre de conciencia no está obsesionado por nada, no tie-

ne obsesiones. Está relajado, en calma, tranquilo, en silencio y se-
reno. Todo lo que florece en su silencio es bueno. Es siempre bueno. Vive en una conciencia sin elecciones.

Así que debes llegar más allá del concepto corriente de hombre
bueno. No serás bueno ni serás malo. Simplemente estarás alerta,
consciente, despierto, y todo lo que venga después será bueno. Dicho de un modo diferente: en la conciencia total alcanzas la cualidad de la divinidad, y el bien es solo un pequeño subproducto de la
divinidad.

Las religiones te han venido enseñando a ser bueno para que un
día puedas encontrar a Dios. Eso no es posible. Ningún hombre
bueno ha encontrado la divinidad. Yo enseño justo lo inverso: encuentra la divinidad, y el bien vendrá por sí solo. Y cuando el bien
viene por sí solo, posee una belleza, una gracia, una sencillez, una
humildad. No pide ninguna recompensa ni aquí ni en la otra vida.
Él mismo es su propia recompensa.

EXPERIMENTOS DE OBSERVACIÓN

Las personas solo se fijan en los demás; nunca se molestan en observarse a sí mismas. Todo el mundo está observando —esa es la forma más superficial de observar— lo que hace el otro, lo que lleva puesto el otro, el aspecto que tiene el otro... Todo el mundo observa; observar no es nada nuevo que tengas que introducir en tu vida. Solo hay que profundizar, apartar la mirada de los demás y dirigirla hacia tu propio interior: tus sentimientos, tus pensamientos, tus estados de ánimo... y por último, hacia el observador mismo.

Un judío va sentado en un tren, enfrente de un sacerdote.

—Dígame, reverendo —pregunta el judío—. ¿Por qué lleva usted el cuello de la camisa al revés?

—Porque soy un padre —responde el sacerdote.

—Yo también soy padre, y no llevo el cuello así —dice el judío.

—Ah, pero es que yo soy padre de miles —dice el sacerdote.

—Entonces —replica el judío—, tal vez debería llevar al revés los pantalones.

La gente se fija mucho en todos los demás.

Dos amigos salen a dar un paseo. De pronto empieza a llover.

—Rápido —dice uno—. Abre tu paraguas.

—No servirá de nada —dice su amigo—. Mi paraguas está lleno de agujeros.

—Entonces, ¿por qué lo has traído?

—No pensé que fuera a llover.

Es fácil reírse de los actos ridículos de otros, pero ¿te has reído alguna vez de ti mismo? ¿Nunca te has encontrado haciendo algo ridículo? No, tú no te fijas nada en ti mismo. Solo te fijas en los demás, y eso no sirve de nada.

Sitúate en la intemporalidad

꙳

SI PONES delante de ti un reloj con segundero y fijas la mirada en el segundero, te llevarás una sorpresa: no puedes seguir acordándote por completo de él ni un minuto. Puede que aguantes quince segundos, veinte segundos, y te olvidas. Te pierdes en alguna otra idea... y de pronto te acuerdas de lo que estabas intentando recordar. Mantener continuamente la conciencia durante un minuto es difícil, así que hay que tener presente que no es un juego de niños. Cuando intentas ser consciente de las pequeñas cosas de la vida, tienes que recordar que te olvidarás muchas veces. Te distraerás con otra cosa y te irás lejos. Cuando vuelvas a acordarte, no te sientas culpable; esa es una de las trampas.

Si empiezas a sentirte culpable, no podrás regresar a la conciencia que estabas practicando. No hay necesidad de sentirse culpable. Es natural. No sientas remordimiento; es natural, y les ocurre a todos los buscadores. Acéptalo como natural. De lo contrario, te verás atrapado en el remordimiento, en sentirte culpable de no poder acordarte ni durante unos pocos minutos, y seguirás olvidándote.

El maestro jainita Mahavira fue el primer hombre de la historia que calculó que si un hombre puede acordarse, mantenerse consciente de modo continuo durante cuarenta y ocho minutos seguidos, con eso basta... quedará iluminado, nadie podrá impedírselo. Solo cuarenta y ocho minutos... ¡pero es tan difícil mantenerse durante tan solo cuarenta y ocho segundos! Hay tantas distracciones....

Nada de culpa, nada de arrepentimiento. En cuanto recuerdes

que has olvidado lo que estabas haciendo, simplemente vuelve a ello. Simplemente regresa y empieza a trabajar de nuevo. No te eches a llorar por la leche derramada, que eso es una estupidez.

Te llevará tiempo, pero poco a poco te darás cuenta de que te vas manteniendo alerta durante períodos más largos, puede que durante un minuto entero, tal vez dos minutos. Y es tal la alegría de haber estado consciente durante dos minutos... Pero no te quedes atrapado en la alegría, no pienses que has llegado a alguna parte. Eso se convertiría en una barrera. Es la pauta típica cuando uno se ha perdido: avanzas un poco y te crees que has llegado a casa.

Sigue trabajando poco a poco, con paciencia. No hay prisa; tienes toda la eternidad a tu disposición. No trates de ganar velocidad. La impaciencia no te servirá de nada. La conciencia no es como las flores estacionales, que crecen en seis semanas y después desaparecen. La conciencia es como los cedros del Líbano, que tardan siglos en crecer pero duran miles de años y se alzan hacia el cielo a alturas de cincuenta, de sesenta metros.

La conciencia crece muy despacio, pero crece. Solo hay que tener paciencia.

A medida que crece, empezarás a sentir muchas cosas que no habías sentido nunca. Por ejemplo, empezarás a sentir que llevas en tu cuerpo demasiadas tensiones de las que nunca te habías dado cuenta, porque son tensiones sutiles. Ahora que tu conciencia está ahí, puedes sentir esas tensiones tan sutiles, tan delicadas. Así pues, cada vez que sientas una tensión en el cuerpo, relaja esa parte. Si todo tu cuerpo está relajado, tu conciencia crecerá más deprisa, porque esas tensiones son impedimentos.

A medida que tu conciencia crece aún más, te sorprenderá descubrir que no solo sueñas cuando estás dormido; hay una corriente subterránea de sueños incluso cuando estás despierto. Discurre por debajo de tu estado de vigilia. Cierra los ojos un momento y verás pasar algún sueño, como una nube por el cielo. Pero solo cuando te haces un poco más consciente es posible ver que cuando estás despierto no estás verdaderamente despierto. El sueño está flotando ahí... la gente lo llama «soñar despierto». Si se relajan un momento en su butaca y cierran los ojos, el sueño se impone inmediatamente. Empiezan a pensar que han sido elegidos presidentes del país, o que están haciendo grandes obras... o cualquier otra cosa que en el mismo momento de soñarla se sabe que es un absurdo. No eres presidente del país, pero aun así el sueño tiene algo que le hace continuar a pesar de ti. La conciencia te hará consciente de las capas de sueños en tu estado de vigilia. Y esos sueños empezarán a dispersarse, como cuando llevas una luz a una habitación oscura y la oscuridad empieza a dispersarse.

El toque invisible

 🍃

HAGAS LO que hagas —andar, sentarte, comer o, si no estás haciendo nada, simplemente respirar, descansar, relajarte en la hierba—, no olvides nunca que eres un observador.

Lo olvidarás una y otra vez. Te perderás en algún pensamiento, en alguna sensación, en alguna emoción, en algún sentimiento... cualquier cosa puede distraerte y hacer que dejes de observar. Recuerda, y vuelve corriendo a tu centro de observación.

Conviértelo en un proceso interior, continuo. Te sorprenderá cómo cambia toda la calidad de tu vida. Yo puedo mover una mano sin observar nada, y también puedo mover la mano observando absolutamente todo el movimiento desde dentro. Los movimientos son completamente diferentes. El primer movimiento es un movimiento de robot, mecánico. El segundo movimiento es un movimiento consciente. Y cuando eres consciente sientes tu mano desde dentro; cuando no eres consciente, solo conoces la mano desde fuera.

Conoces tu cara solo de mirarte al espejo, desde el exterior, porque no eres un observador. Si empiezas a observar, sentirás tu cara desde dentro... y esa es toda una experiencia, mirarte a ti mismo desde dentro. Entonces, poco a poco, empiezan a ocurrir cosas extrañas. Los pensamientos desaparecen, los sentimientos desaparecen, las emociones desaparecen, y hay un silencio que te rodea. Eres como una isla en medio de un océano de silencio. Eres un observador, como si una llama iluminara desde el centro de tu ser, irradiando todo tu ser.

Al principio será solo una experiencia interior. Poco a poco, verás que esa radiación se extiende hacia fuera de tu cuerpo, que esos rayos llegan a otras personas. Te sorprenderá y te sobresaltará que otras personas, si son un poco sensibles, se den cuenta inmediatamente de que algo las ha tocado, algo que no era visible. Por ejemplo, si te estás observando a ti mismo... basta con que camines detrás de otra persona, observándote a ti mismo, y es casi seguro que esa persona se volverá de pronto a mirar, sin motivo aparente. Cuando te estás observando a ti mismo, tu vigilancia empieza a irradiar y acaba tocando a la persona que va delante de ti. Y esta, al notar que la ha tocado algo invisible, se volverá a mirar: «¿Qué pasa?» Y tú estás tan atrás que ni siquiera podrías tocarla con la mano.

Puedes intentar un experimento: alguien está durmiendo y tú te sientas a su lado, observándote a ti mismo, y la persona se despertará de repente, abrirá los ojos y mirará a su alrededor como si alguien la hubiera tocado.

Poco a poco, también tú serás capaz de sentir el contacto a través de los rayos. Es lo que se llama «la vibración». No es una cosa inexistente. La otra persona lo siente; tú también sentirás que has tocado a la otra persona.

La palabra «tocar» se utiliza de un modo muy significativo. Puedes usarla sin comprender lo que significa decir «he sido tocado» por la otra persona. Puede que esta no te diga ni una palabra. Puede pasar simplemente a tu lado. Quizá te mire una sola vez a los ojos y tú te sientes «tocado» por esa persona. No es solo una palabra... ocurre de verdad. Y después, esos rayos seguirán extendiéndose hacia la gente, los animales, los árboles, las rocas... y un día verás que estás tocando todo el universo desde dentro.

Vípassana

EL SISTEMA de Buda era el vipassana. Vipassana significa ser testigo. Y él descubrió uno de los mejores métodos, el método de observar tu respiración... simplemente, observar tu respiración. Respirar es un fenómeno tan simple y natural, y se realiza veinticuatro horas al día. No tienes que hacer ningún esfuerzo. Si repites un mantra, tendrás que hacer algún esfuerzo, tendrás que forzarte. Si dices: «Rama, Rama, Rama», tendrás que esforzarte continuamente. Y muchas veces te olvidarás. Además, la palabra «Rama» también pertenece a la mente, y nada que sea de la mente puede llevarte más allá de la mente.

Buda descubrió un método completamente diferente. Basta con observar tu respiración... el aliento que entra, el aliento que sale.

Hay cuatro cosas que se deben observar. Siéntate en silencio y empieza por ver la respiración, por sentir la respiración. La primera cosa es el aliento que entra. Después, cuando el aliento ha entrado, se detiene un momento... es un momento muy breve, pero se detiene una fracción de segundo; esa es la segunda cosa que hay que observar. Después, el aliento da la vuelta y sale; esa es la tercera cosa que hay que observar. Y una vez más, cuando el aliento ha salido del todo, se detiene durante una fracción de segundo; esa es la cuarta cosa que hay que observar. Entonces, el aliento empieza a entrar de nuevo... ese es el círculo de la respiración. Si puedes observar estos cuatro aspectos, quedarás sorprendido, asombrado del milagro de un proceso tan simple... porque la mente no interviene.

Observar no es una cualidad de la mente. Observar es la cualidad del alma, de la conciencia. Observar no es un proceso mental en absoluto. Cuando observas, la mente se detiene, deja de existir. Sí, al principio te distraerás muchas veces y la mente entrará y empezará a jugar a sus juegos de siempre. Pero cuando recuerdes que te has distraído, no hay necesidad de sentirse culpable o arrepentido... simplemente, reanuda la observación, vuelve a observar una y otra vez tu respiración. Poco a poco, poco a poco, la mente interferirá cada vez menos.

Y cuando seas capaz de observar tu respiración durante cuarenta y ocho minutos seguidos, quedarás iluminado. Esto te va a sorprender. ¿Solo cuarenta y ocho minutos? Porque te parece que no es muy difícil... ¡solo cuarenta y ocho minutos! Pues es muy difícil. En solo cuarenta y ocho segundos, caerás muchas veces víctima de la mente. Inténtalo con un reloj delante; al principio no podrás mantenerte vigilante ni sesenta segundos. En solo sesenta segundos, en un minuto, caerás dormido muchas veces. Te olvidarás de observar... la observación y la vigilancia quedarán olvidadas. Alguna idea te llevará lejos, muy lejos. Y de pronto te darás cuenta... mirarás el reloj y verás que han pasado diez segundos. Durante diez segundos no estuviste vigilando.

Pero poco a poco, poco a poco... es cuestión de tino; no es cuestión de práctica, sino de tino... poco a poco lo irás absorbiendo. Porque esos pocos momentos en los que estás vigilante son de una belleza tan exquisita, de una alegría tan tremenda, que una vez que hayas saboreado esos pocos momentos querrás volver una y otra vez... sin más motivo que por el gozo de estar ahí, presente ante la respiración.

Recuerda, no es el mismo proceso que se hace en el yoga. En el yoga, el proceso se llama *pranayam*; es un proceso completamente diferente, de hecho es lo contrario de lo que Buda llama vipassana. En el *pranayam* haces aspiraciones profundas, te llenas el pecho con todo el aire posible, absorbiendo cada vez más oxígeno; después vacías los pulmones todo lo posible, expulsando todo el dióxido de carbono. Es un ejercicio físico... es bueno para el cuerpo, pero no tiene nada que ver con el vipassana.

En el vipassana no tienes que cambiar el ritmo de tu respiración natural. No tienes que hacer inhalaciones largas y profundas; no tienes que exhalar de manera diferente de la normal. Deja que sea absolutamente normal y natural. Toda tu conciencia tiene que estar en un punto, observando.

Y si puedes observar tu respiración, también puedes empezar a observar otras cosas. Al andar puedes observar que estás andando, al comer puedes observar que estás comiendo. Y por fin llega un momento en el que puedes observar que estás dormido. El día en que puedas observar que estás dormido te verás transportado a otro mundo. El cuerpo sigue durmiendo, y dentro sigue ardiendo una luz brillante. Tu vigilancia se mantiene sin perturbaciones. Durante las veinticuatro horas del día habrá una corriente subterránea de vigilancia. Tú sigues haciendo cosas... para el mundo exterior, nada ha cambiado, pero para ti ha cambiado todo.

UN MAESTRO ZEN ESTABA SACANDO AGUA DEL POZO, y un devoto que había oído hablar de él y venía desde muy lejos para verlo le preguntó:

—¿Dónde puedo encontrar a Fulano, el maestro de este monasterio?

Pensaba que aquel hombre tenía que ser un sirviente, que sacaba agua del pozo. ¿Cómo va Buda a traer agua del pozo? ¿Cómo va Buda a limpiar el suelo?

El maestro se echó a reír y dijo:

—Yo soy la persona que andas buscando.

El devoto no se lo podía creer, y dijo:

—He oído hablar mucho de ti, pero jamás te imaginé sacando agua del pozo.

—Pues eso era lo que hacía antes de iluminarme —dijo el maestro—. Sacar agua del pozo, cortar leña... Eso es lo que hacía antes y eso es lo que sigo haciendo. Soy muy eficiente en esas dos cosas: sacar agua del pozo y cortar leña. Ven conmigo. Lo siguiente que voy a hacer es cortar leña. Obsérvame.

—Pero entonces, ¿qué diferencia hay? —preguntó el hombre—.

Antes de iluminarte hacías esas dos cosas, después de la iluminación sigues haciendo las mismas dos cosas. ¿Qué diferencia hay?

El maestro se echó a reír.

—La diferencia es interior. Antes lo hacía todo dormido; ahora lo hago todo conscientemente, esa es la diferencia. Las actividades son las mismas, pero yo ya no soy el mismo. El mundo es el mismo, pero yo no soy el mismo. Y como ya no soy el mismo, el mundo tampoco es el mismo para mí.

La transformación tiene que ser interior. Esa es la auténtica renuncia: el mundo de antes desaparece porque el ser de antes ha desaparecido.

El turno de noche

LOS FENÓMENOS del sueño y de la observación son cosas totalmente diferentes. Intenta hacer una cosa: todas las noches, cuando te vayas a dormir, cuando estés ya medio dormido y medio despierto, hundiéndote cada vez más en el sueño, repítete: «Voy a poder recordar que esto es un sueño.»

Sigue repitiéndolo hasta que te quedes dormido. Tardarás unos cuantos días, pero te llevarás una sorpresa: una vez que esta idea penetra en el subconsciente, podrás observar el sueño como tal sueño. Entonces ya no tiene poder sobre ti. Poco a poco, a medida que tu vigilancia se hace más intensa, los sueños van desapareciendo. Son muy tímidos; no les gusta ser observados. Solo existen en la oscuridad del subconsciente. A medida que la vigilancia aporta luz, ellos empiezan a desaparecer.

Sigue haciendo el mismo ejercicio y podrás librarte de los sueños. Y te vas a sorprender: librarse de los sueños tiene muchas implicaciones. Si los sueños desaparecen, el parloteo de tu mente durante el día será menor de lo que era antes. En segundo lugar, estarás más en el momento... no en el futuro ni en el pasado. En tercer lugar, tus acciones serán más totales.

Soñar es una enfermedad. Es necesaria porque el hombre está enfermo. Pero si se puede prescindir por completo de los sueños, se adquiere un nuevo tipo de salud, una nueva visión. Y parte de tu mente subconsciente se volverá consciente, con lo que tendrás una individualidad más fuerte. Hagas lo que hagas, nunca te arrepentirás, porque lo habrás hecho con tanta conciencia que el arrepentimiento carece de relevancia.

La vigilancia es la mayor magia que se puede aprender, porque puede iniciar la transformación de todo tu ser.

CUANDO EMPIECES A OBSERVAR TUS SUEÑOS, descubrirás que existen cinco tipos de sueños. El primer tipo de sueños es pura basura... y miles de psicoanalistas trabajan solo con esta basura. Es completamente inútil. Estos sueños ocurren porque a lo largo de todo un día de trabajo se acumula mucha basura. Así como el cuerpo acumula polvo y necesitas darte un baño para limpiarte, también la mente acumula polvo del mismo modo. Y no hay manera de darle un baño a la mente, así que la mente dispone de un mecanismo automático para desprenderse del todo el polvo y la basura. Estos sueños no son más que el polvo levantado, del que la mente se está desprendiendo, y este primer tipo de sueños constituye la mayor parte de los sueños, casi un noventa por ciento. Casi un noventa por ciento de los sueños son simplemente polvo que la mente echa fuera. No les prestes mucha atención. Y poco a poco, a medida que crece tu conciencia, serás capaz de ver que es solo polvo.

El segundo tipo de sueños es una especie de deseo cumplido. Existen muchas necesidades, necesidades naturales, pero los sacerdotes y los llamados maestros religiosos han envenenado tu mente. No te permiten satisfacer ni siquiera tus necesidades básicas. Las han condenado por completo, y la condena ha penetrado en ti. Por eso tienes hambre de muchas necesidades... esas necesidades tienen que satisfacerse, y el segundo tipo de sueños no es otra cosa que el cumplimiento de esos deseos. Todo lo que le has negado a tu ser por culpa de los sacerdotes y los envenenadores, la mente trata de satisfacerlo en sueños, de un modo u otro.

Pero hay que atender a la necesidad, no al significado. El significado corresponde a la mente consciente, la necesidad es del subconsciente... y así es como aparece el segundo tipo de sueños. Tú sigues reprimiendo tus necesidades, así que la mente las satisface en sueños. Has leído grandes libros y has sido envenenado por los pensadores, que han moldeado tu mente según ciertos patrones. Ya no estás abierto a la existencia misma; las filosofías te han cegado, y tú has empezado a reprimir tus necesidades. Entonces estas necesidades salen a flote, salen a la superficie en los sueños, porque el subconsciente no sabe de filosofías. El subconsciente no sabe nada de significados, ni de intenciones. El subconsciente solo sabe una cosa: lo que se necesita para que tu ser quede satisfecho. Entonces el subconsciente impone su propio sueño. Este es el segundo tipo de sueños; poseen mucho significado, que hay que comprender y meditar. Porque el subconsciente está tratando de comunicarte: «No seas tonto. Sufrirás por ello. Y no mates de hambre a tu ser. No seas suicida, y no sigas cometiendo un lento suicidio matando tus necesidades.»

Recuerda: los deseos son de la mente consciente; las necesidades, del subconsciente. Y la distinción es muy importante, tiene mucho significado que hay que entender.

Los deseos son de la mente consciente. El subconsciente no sabe nada de deseos, al subconsciente no le preocupan los deseos. ¿Qué es un deseo? Un deseo es algo que sale de tu pensamiento, de tu formación, de tu condicionamiento. Te gustaría ser presidente del país... al subconsciente eso no le importa. El subconsciente no tiene ningún interés en ser presidente del país, al subconsciente solo le interesa la manera de llegar a ser una unidad orgánica y satisfecha. Pero la mente consciente dice: «Tienes que ser presidente, y si para llegar a presidente tienes que sacrificar tu amor, pues lo sacrificas. Si tienes que sacrificar tu cuerpo, lo sacrificas. Si tienes que sacrificar el descanso, lo sacrificas. Lo primero es llegar a ser presidente.» O reunir una gran fortuna, eso también es de la mente consciente. El subconsciente no entiende de fortunas, el subconsciente solo conoce lo natural. No le afecta la sociedad; es como los animales, como los pájaros, como los árboles. El subconsciente no ha sido condicionado por la sociedad, por los políticos. Sigue en estado puro.

Escucha los sueños del segundo tipo y medita sobre ellos. Te comunicarán tus necesidades. Satisface las necesidades y no te preocupes por los deseos. Si de verdad quieres ser feliz, satisface las necesidades y no te preocupes por los deseos. Si quieres ser desdichado, reprime las necesidades y sigue los deseos.

Así es como has llegado a ser un desgraciado. Es un fenómeno muy simple; tanto si eres feliz como si eres desdichado, el fenómeno es muy simple. Un hombre que atiende a sus necesidades y las sigue es como un río que fluye hacia el mar. El río no dice «hay que fluir hacia el este o hacia el oeste»; simplemente busca el camino. Ir hacia el este o hacia el oeste da lo mismo. El río que fluye hacia el mar no tiene deseos; solo conoce sus necesidades. Por eso los animales parecen tan felices. ¿No tienen nada y son felices? ¿Y tú, que tienes tantas cosas, eres tan desdichado? Hasta los animales te superan en belleza y en felicidad. ¿Qué es lo que pasa? Los animales no tienen una mente consciente que controle y manipule el subconsciente; no están divididos.

El segundo tipo de sueños puede revelarte muchas cosas. Con el segundo tipo empiezas a cambiar tu conciencia, empiezas a cambiar tu conducta, empiezas a cambiar tus patrones de vida. Escucha a tus necesidades, a todo lo que diga el subconsciente.

Recuerda siempre esto: el subconsciente tiene razón, porque posee la sabiduría de los tiempos. Tú has vivido millones de vidas; la mente consciente pertenece a esta vida. Ha sido moldeada en las escuelas y universidades, y por la familia y la sociedad en la que has nacido... en la que has nacido por casualidad. Pero el subconsciente cuenta con todas las experiencias de todas tus vidas. Tiene la experiencia de cuando fuiste una roca, tiene la experiencia de cuando fuiste un árbol, tiene la experiencia de cuando fuiste animal... carga con todo, con todo el pasado. El subconsciente es enormemente sabio, y la mente consciente es enormemente tonta. Tiene que serlo, porque la mente consciente es solo de esta vida, muy pequeña, sin experiencia. Es muy infantil. El subconsciente es sabiduría eterna. Escúchale.

Todo el psicoanálisis de Occidente está haciendo esto y solo esto: escuchar al segundo tipo de sueños y cambiar tus patrones de vida de acuerdo con ello. Y el psicoanálisis ha ayudado a mucha gente. Tiene sus limitaciones, pero ha ayudado porque al menos esta parte, escuchar al segundo tipo de sueños, hace tu vida más relajada, menos tensa.

Después existe un tercer tipo de sueños. El tercer tipo de sueños es una comunicación del superconsciente. El segundo tipo de sueños es una comunicación del subconsciente. Es muy raro tener sueños del tercer tipo, porque hemos perdido todo contacto con el superconsciente. Pero aun así siguen llegando, porque el superconsciente es tuyo. Puede haberse convertido en una nube y ascendido al cielo, puede haberse evaporado, puede estar a mucha distancia, pero aún sigue anclado a ti.

La comunicación del superconsciente es algo muy raro. Solo cuando te vuelves muy, muy alerta, solo entonces empezarás a sentirla. En los demás casos, se perderá entre el polvo que la mente expulsa en sueños y entre los deseos cumplidos con los que la mente sigue soñando... cosas incompletas, reprimidas. Pero cuando te haces consciente, es como un diamante que brilla: absolutamente diferente de las piedras que lo rodean.

Cuando puedas sentir y encontrar un sueño que procede del superconsciente, obsérvalo. Medita sobre él, porque se convertirá en tu guía, te guiará hasta tu maestro. Te guiará al modo de vida más adecuado para ti, te guiará a la disciplina correcta. Ese sueño se convertirá en un guía interior. Con la mente consciente puedes encontrar un maestro, pero el maestro no será más que un profesor. Con el subconsciente puedes encontrar un maestro, pero el maestro no será más que un amante... te enamorarás de cierta personalidad, de cierto tipo. Pero solo el superconsciente puede guiarte al maestro adecuado. Entonces ya no es un profesor; ya no te quedas encandilado con lo que dice, no te quedas encandilado con lo que es. Por el contrario, tu superconsciente te guía y este hombre es el adecuado para ti, este hombre te proporcionará la posibilidad de crecer, este hombre puede convertirse en la tierra en la que creces.

Existe también un cuarto tipo de sueño, que procede de las vidas pasadas. No es muy raro; se da muchas veces. Pero en tu interior todo es un barullo; no puedes hacer distinciones. No estás ahí para hacer distinciones.

En Oriente hemos trabajado mucho con este cuarto tipo de sueño. Gracias a este tipo de sueño dimos con el fenómeno de la reencarnación. Gracias a este tipo de sueño te vas haciendo poco a poco consciente de tus vidas pasadas, te mueves hacia atrás en el tiempo. Entonces muchas cosas empiezan a cambiar en ti, porque si puedes recordar, aunque sea en un sueño, quién fuiste en tu vida anterior, muchas cosas perderán su sentido y otras muchas cosas adquirirán significado. Cambiará todo el patrón, cambiará tu *gestalt*.

Como acumulaste demasiadas riquezas en una vida pasada, moriste siendo el hombre más rico del país y renaciste como mendigo... y ahora estás haciendo otra vez lo mismo en esta vida. De pronto, la *gestalt* cambia. Si puedes recordar lo que hiciste y cómo todo quedó en nada... si puedes recordar muchas vidas, las muchas veces que has hecho lo mismo una y otra vez... Eres como un disco de gramófono rayado, un círculo vicioso: vuelves a empezar igual y terminas igual... Si puedes recordar unas cuantas vidas, te sorprenderá descubrir que nunca has hecho nada nuevo. Una y otra vez acumulaste riqueza; una y otra vez intentaste adquirir poder político; una y otra vez adquiriste demasiados conocimientos. Una y otra vez te enamoraste, y una y otra vez padeciste los mismos sufrimientos que el amor acarrea. Cuando veas esta repetición, ¿cómo vas a seguir siendo el mismo? Esta vida se transfigura de repente. No puedes seguir rodando por la misma huella.

Por eso en Oriente la gente lleva milenios preguntándose «¿Cómo salir de esta rueda de la vida y la muerte?». Parece ser la misma rueda, parece la misma historia una y otra vez... una repetición. Si no lo sabes, piensas que estás haciendo cosas nuevas y te ilusionas. Pero yo veo que has estado haciendo las mismas cosas una y otra vez.

Nada es nuevo en la vida. Es una rueda; se mueve sobre la misma rodada. Como te olvidas del pasado, te parece apasionante. Pero en cuanto recuerdas, toda la excitación desaparece. Y cuando llega este recuerdo viene el *sannyas*.

El *sannyas* es un esfuerzo por salirse de la rodada, es un esfuerzo por saltar de la rueda. Es decirse uno mismo: «Ya basta. Ya no voy a participar más en el mismo absurdo de siempre. Me salgo.» El *sannyas* es un rechazo perfecto de la rueda... no es salirse de la sociedad, sino de tu propia rueda interior de vida y muerte.

Este es el cuarto tipo de sueños.

Y por fin existe un quinto y último tipo de sueño. El cuarto tipo te lleva hacia atrás, a tu pasado; el quinto tipo te lleva hacia adelante, al futuro. Es raro, muy raro; solo se da muy de vez en cuando, cuando estás sumamente vulnerable, abierto, flexible. El pasado da una sombra y el futuro también da una sombra, se refleja en ti. Si puedes hacerte consciente de tus sueños, algún día te harás también consciente de esta posibilidad... de que el futuro te mira. De pronto se abre una puerta y el futuro establece comunicación contigo.

Estos son los cinco tipos de sueños. La psicología moderna solo comprende el segundo tipo, y muchas veces lo confunde con el primer tipo. Los otros tres tipos son casi desconocidos.

Si meditas y te haces consciente de tu ser interior en sueños, ocurrirán muchas cosas más. La primera: poco a poco, cuanto más consciente seas de tus sueños, menos convencido estarás de la realidad de tus horas de vigilia. Por eso los hindúes dicen que el mundo es como un sueño.

Pero ahora mismo, lo que ocurre es lo contrario. Como estás tan convencido de la realidad del mundo en tus horas de vigilia, cuando sueñas te parece que también esos sueños son reales. Nadie siente cuando sueña que el sueño es irreal... cuando sueñas, todo parece perfecto, parece absolutamente real. Naturalmente, por la mañana dirás que solo ha sido un sueño... pero eso no importa, porque ahora está funcionando otra mente. *Esta* mente no ha sido testigo; *esta* mente solo ha oído el rumor. Esta mente consciente que se despierta por la mañana y dice que todo ha sido un sueño, esta mente no ha sido testigo de nada, así que ¿cómo puede esta mente decir nada? Solo ha oído un rumor.

Es como si estuvieras dormido y hay dos personas hablando cerca, y como hablan muy alto tú oyes en sueños algunas palabras de aquí y otras de allá, que dejan una impresión embarullada. Esto es lo que ocurre. Mientras el subconsciente crea sueños y lleva a cabo una tremenda actividad, la mente consciente está dormida y solo oye el rumor, y por la mañana dice. «Todo es falso. Solo ha sido un sueño.»

Ahora mismo, siempre que sueñas sientes que es absolutamente real. Incluso las cosas absurdas parecen reales, las cosas ilógicas parecen reales, porque el subconsciente no sabe de lógica. En un sueño vas andando por un camino, ves venir un caballo, y de pronto el caballo ya no es un caballo, el caballo se ha convertido en tu mujer. Y a tu mente no le pasa nada, no pregunta «¿Cómo es posible? ¡El caballo se ha convertido de repente en mi mujer!». No se crea ningún problema, no surgen dudas. El subconsciente no conoce la duda. Incluso un fenómeno así de absurdo es creído; estás convencido de su realidad.

Justo lo contrario ocurre cuando te haces consciente de los sueños y sientes que son verdaderos sueños: nada es real, solo es teatro mental, un psicodrama. Tú eres el escenario, tú eres los actores y tú eres el autor. Tú eres el director y tú eres el productor y tú eres el espectador... no hay nadie más, es solo una creación de la mente. Cuando te haces consciente de eso, todo el mundo que existe cuando estás despierto cambia de cualidad. Entonces ves que también aquí ocurre lo mismo. En un escenario más grande, pero el sueño es el mismo.

Los hindúes llaman a este mundo *maya*. Dicen que es ilusorio, onírico, una creación de la mente. ¿Qué quieren decir con eso? ¿Quieren decir que es irreal? No, no es irreal; pero cuando tu mente se mezcla en él, creas un mundo irreal propio. No vivimos en el mismo mundo; cada uno vive en su propio mundo. Hay tantos mundos como mentes. Cuando los hindúes dicen que esos mundos son *maya*, quieren decir que la realidad más la mente es *maya*. La realidad, lo que es, no la conocemos. La realidad más la mente es ilusión, *maya*.

Cuando alguien llega a despertar del todo, a convertirse en un Buda, entonces conoce la realidad *sin* mente. Entonces es la verdad, el *brahman*, lo definitivo. Añade la mente, y todo se convierte en sueño, porque la mente es lo que crea los sueños. Sin la mente, nada puede ser un sueño; solo queda la realidad, en su pureza cristalina.

La mente es como un espejo. En el espejo se refleja el mundo. Ese reflejo no puede ser real, ese reflejo es solo un reflejo. Cuando el espejo ya no está, el reflejo desaparece; ahora puedes ver lo real. Una noche de luna llena, y el lago está en silencio, y la luna se refleja en el lago, y tú tratas de coger la luna. Eso es lo que todos han estado haciendo durante muchas vidas: intentar coger la luna en el espejo del lago. Y por supuesto, nunca lo has logrado; no puedes lograrlo, es imposible. Hay que olvidarse del lago y mirar exactamente en dirección contraria. Ahí está la luna. La mente es el lago en el que el mundo se convierte en ilusorio. Da lo mismo que sueñes con los ojos cerrados o con los ojos abiertos: si la mente está ahí, todo lo que ocurre es un sueño.

Esto es lo primero de lo que te das cuenta si meditas sobre los sueños.

Y lo segundo de lo que te das cuenta es de que eres un testigo: el sueño está ahí, pero tú no formas parte de él. No eres parte de tu mente, eres una trascendencia. Estás en la mente pero no eres la mente. Miras a través de la mente, pero no eres la mente. Utilizas la mente, pero no eres la mente. De pronto, eres un testigo, ya no eres una mente.

Y este ser testigo es la última comprensión, la definitiva. Entonces da lo mismo que el sueño ocurra cuando estás dormido o que ocurra cuando estás despierto: tú sigues siendo testigo. Sigues en el mundo, pero el mundo ya no puede penetrar en ti. Las cosas están ahí, pero la mente no está en las cosas y las cosas no están en la mente. De pronto aparece el testigo y todo cambia.

Es muy sencillo una vez que conoces el truco. De otra manera, parece muy difícil, casi imposible. ¿Cómo estar despierto mientras sueñas? Parece imposible, pero no lo es. Te llevará de tres a nueve meses si cada noche, cuando te vas a dormir, mientras te vas quedando dormido, intentas mantenerte alerta y observar.

Pero recuerda: no intentes estar alerta en sentido *activo*; así no conseguirías quedarte dormido. Debe ser una alerta pasiva: suelta, natural, relajada, mirando solo por el rabillo del ojo. No hay que ser muy activo; solo una alerta pasiva, no muy concentrada. Como si estuvieras sentado a la orilla del río y el río va fluyendo y tú simplemente lo miras. En esto se tarda de tres a nueve meses. De pronto, un día, el sueño va cayendo sobre ti como un telón oscuro, como una cortina oscura, como si se hubiera puesto el sol y fuera cayendo la noche. Se instala a todo tu alrededor, pero en lo más profundo sigue ardiendo una llama. Estás observando en silencio, pasivo. Entonces comienza el mundo de los sueños. Se desarrollan muchos dramas, muchos psicodramas, y tú sigues observando. Poco a poco, se va manifestando la distinción: ahora puedes ver qué clase de sueño es. Y de pronto, un día te das cuenta de que es igual cuando estás despierto. No hay diferencia cualitativa. Todo el mundo se ha vuelto ilusorio. Y cuando el mundo es ilusorio, solo el testigo es real.

Epílogo

COLGANDO DE UN HILO

E N INDIA se cuenta una antigua historia:
Un gran sabio envió a su principal discípulo a la corte del rey Janak para que el joven aprendiera algo que le faltaba.

El joven decía:

—Si tú no puedes enseñarme, ¿cómo va a poder enseñarme ese Janak? Tú eres un gran sabio, él es solo un rey. ¿Qué sabe él de la meditación y la conciencia?

—Tú sigue mis instrucciones —le dijo el gran sabio—. Ve a él, inclínate ante él; no seas egoísta, pensando que tú eres un *sannyasin* y que él es un vulgar padre de familia, que él vive en el mundo, que es mundano y tú eres espiritual. Olvídate de todo eso. Te envío con él para que aprendas algo, así que de momento él es tu maestro. Y yo lo sé, he intentado enseñártelo, pero no puedes comprenderlo porque para comprenderlo necesitas un contexto diferente. La corte de Janak y su palacio te darán el contexto adecuado. Tú ve allá, inclínate ante él. Durante estos pocos días, él me representará.

De muy mala gana, el joven fue a la corte. ¡Era un *brahmin*, de la casta más alta! ¿Y qué era aquel Janak? Era rico, tenía un gran reino, pero ¿qué podía enseñarle a un *brahmin*? Los *brahmins* siempre piensan que pueden enseñar a la gente. Y Janak no era un *brahmin*, era un *kshatriya*, la casta guerrera de India. Se los considera inferiores a los *brahmins*; los *brahmins* son los primeros, los principales, la casta más alta. ¿Inclinarse ante aquel hombre? ¡Jamás se había hecho tal cosa! Un *brahmin* inclinándose ante un *kshatriya* es algo que va contra la mentalidad india.

Pero el maestro lo había dicho, así que había que hacerlo. Fue de mala gana, y de mala gana se inclinó. Y al inclinarse se sentía muy irritado con su maestro porque aquella situación de tener que inclinarse ante Janak le resultaba desagradable. Una hermosa mujer estaba danzando en la corte, y la gente bebía vino, y Janak estaba sentado con aquel grupo. Al joven aquello le parecía condenable... pero aun así se inclinó.

Janak se echó a reír y dijo:

—No es preciso que te inclines ante mí si te parece tan condenable. Y no tengas tantos prejuicios antes de haberme experimentado. Tu maestro me conoce bien, y por eso te ha enviado aquí. Te ha enviado para que aprendas algo, pero esta no es manera de aprender.

El joven respondió:

—No me importa. Él me ha enviado y yo he venido, pero mañana por la mañana me marcharé porque no creo que aquí pueda aprender nada. De hecho, si aprendo algo de ti, habré malgastado toda mi vida. No he venido a aprender a beber vino y ver bailar a bellas mujeres, y todo este desenfreno...

Janak sonrió y dijo:

—Puedes marcharte por la mañana. Pero ya que has venido y estás tan cansado, por lo menos descansa esta noche y por la mañana podrás irte. Y quién sabe... la noche podría ser el contexto del aprendizaje para el que tu maestro te ha enviado a mí.

Aquello le pareció muy misterioso. ¿Cómo iba la noche a enseñarle algo? Pero bueno, tenía que pasar allí la noche, así que más valía no armar mucho alboroto. Se quedó. El rey ordenó que le prepararan la habitación más hermosa del palacio, la más lujosa. Acompañó al joven, se encargó de todo lo referente a su cena y su cama, y cuando el joven se acostó, Janak se retiró.

Pero el joven no pudo dormir en toda la noche, porque al mirar hacia arriba vio una espada desenvainada que colgaba de un hilo muy fino justo encima de su cabeza. Aquello era muy peligroso: en

210

cualquier momento, la espada podía caer y matar al joven; así que se quedó despierto toda la noche, vigilando para poder evitar la catástrofe en caso de que se produjera. Por la mañana, el rey le preguntó:

—¿Era cómoda la cama?, ¿era cómoda la habitación?

—¿Cómoda? —exclamó el joven—. Todo era cómodo... pero ¿y la espada? ¿Por qué me hiciste esa jugarreta? ¡Ha sido muy cruel! Estaba cansado, había venido a pie desde el lejano *ashram* de mi maestro, en el bosque, y tú me gastas esa broma tan cruel. ¿Qué es eso de colgar una espada de un hilo tan fino? Tenía miedo de que soplara una ligera brisa y acabara conmigo. No he venido aquí para suicidarme.

El rey dijo:

—Quiero preguntarte una cosa. Estabas tan cansado que te habrías quedado dormido con mucha facilidad, pero no has podido dormir. ¿Qué ocurrió? El peligro era grande, era cuestión de vida o muerte. Por eso te mantuviste despierto, alerta. Esa es mi enseñanza. Ya puedes irte. Pero si quieres, puedes quedarte unos días y observarme.

»Aunque estaba sentado aquí en la corte, mientras bailaba una hermosa mujer, yo estaba alerta a la espada que cuelga sobre mi cabeza. Es invisible. Su nombre es muerte. Yo no miraba a la mujer. Así como tú no pudiste disfrutar del lujo de tu habitación, yo no bebía vino. Era consciente de la muerte, que puede llegar en cualquier momento. Soy consciente de la muerte en todo momento. Por eso vivo en un palacio y aun así soy un ermitaño. Tu maestro me conoce y me comprende. Y también comprende lo que yo comprendo. Por eso te ha enviado aquí. Si vives aquí unos cuantos días, puedes observar por tu cuenta.

¿Quieres saber cómo hacerte más consciente? Hazte más consciente de la precariedad de la vida. La muerte puede llegar en cualquier momento. Puede llamar a tu puerta en el próximo instante. Puedes seguir inconsciente si crees que vas a vivir eternamente, pero ¿cómo puedes vivir inconsciente si la muerte está siempre rondando? ¡Es imposible! Si la vida es momentánea, una burbuja de jabón que con un pinchazo desaparece para siempre, ¿cómo puedes seguir inconsciente?

Aplica conciencia a todos tus actos.

EN TI EXISTEN DOS PLANOS: el plano de la mente y el plano de la no-mente. O dicho con otras palabras: el plano en el que vives en la periferia de tu ser y el plano en el que estás en el centro de tu ser.

Todo círculo tiene un centro; puedes saberlo o no. Puede que ni siquiera sospeches que existe un centro, pero tiene que haberlo. Eres una periferia, eres un círculo... existe un centro. Sin el centro, no puedes existir; existe un núcleo de tu ser.

> ¿Quieres saber cómo hacerte más consciente? Hazte más consciente de la precariedad de la vida. La muerte puede llegar en cualquier momento. Puede llamar a tu puerta en el próximo instante.

En ese centro eres ya un Buda, uno que ha llegado a casa. En la periferia, estás en el mundo: en la mente, en sueños, en ansiedades, en mil y un juegos. Y tú eres las dos cosas.

Tiene que haber momentos en los que ves que durante unos breves instantes has sido un Buda: la misma gracia, la misma conciencia, el mismo silencio; el mismo mundo de beatitudes, de bendición, de bienaventuranza. Habrá momentos, vislumbres de tu centro. No pueden ser permanentes; una y otra vez, serás arrojado de nuevo a la periferia. Y te sentirás estúpido, triste, frustrado, sentirás que te pierdes el sentido de la vida... porque existes en dos planos: el plano de la periferia y el plano del centro.

Pero poco a poco te irás haciendo capaz de moverte de la periferia al centro y desde el centro a la periferia con toda soltura, como haces al entrar y al salir de tu casa. No crees ninguna dicotomía. No dices: «Estoy fuera de la casa, así que ¿cómo voy a entrar en la casa?» No dices: «Estoy dentro de la casa, así que ¿cómo voy a salir de la casa?» Fuera hace sol, hace un tiempo agradable; te sientas en el jardín. Empieza a hacer cada vez más calor y tú empiezas a sudar. Ya no es agradable, empieza a resultar incómodo; simplemente te levantas y entras en la casa. Allí se está fresco, no se está incómodo. Ahora lo agradable es estar dentro de la casa. Y sigues entrando y saliendo.

Del mismo modo, un hombre de conciencia y conocimiento se mueve desde la periferia al centro y desde el centro a la periferia. Nunca se queda fijo en ningún sitio. Del mercado al monasterio, de ser extravertido a ser introvertido; se mueve continuamente porque esas son sus dos alas. No están enfrentadas una con otra. Claro que están equilibradas en direcciones opuestas; tiene que ser así. Si las dos alas estuvieran en el mismo lado, el pájaro no podría volar hacia el cielo. Tienen que estar equilibradas, tienen que estar en direcciones opuestas, pero siguen perteneciendo al mismo pájaro y sirven al mismo pájaro. Tu exterior y tu interior son tus alas.

En ese centro eres ya un Buda, uno que ha llegado a casa. En la periferia, estás en el mundo: en la mente, en sueños, en ansiedades, en mil y un juegos. Y tú eres las dos cosas.

Esto hay que recordarlo perfectamente, porque existe una posibilidad: la mente tiende a quedarse fija. Hay personas que están fijas en el mundo materialista; no pueden salir de él; dicen que no tienen tiempo para la meditación; dicen que aunque tuvieran tiempo, no sabrían meditar y no creen que pudieran meditar. Dicen que son mundanos. ¿Cómo van a meditar? Son materialistas. ¿Cómo van a meditar? Dicen: «Por desgracia, somos extravertidos. ¿Cómo podríamos ir hacia dentro?» Han elegido una sola ala. Y por supuesto, si eso les produce frustración, es natural. Con una sola ala, tiene que haber frustración.

Y también hay personas que se hartan del mundo y escapan fuera de él, se van a los monasterios y al Himalaya, se hacen *sannyasins*, monjes, viven en soledad, se imponen una vida de introversión. Cierran los ojos, cierran todas sus puertas y ventanas, se convierten en mónadas de Leibnitz, sin ventanas... y entonces se aburren.

En el mundo materialista estaban hartos, estaban cansados, frustrados. Aquello era como un manicomio, no podían encontrar reposo. Tenían demasiadas relaciones y muy pocas vacaciones, no disponían de espacio para ser ellos mismos. Iban cayendo en trampas, perdiendo su ser: cada vez se volvían más materialistas y menos espirituales. Estaban perdiendo la dirección. Estaban perdiendo la conciencia misma de su ser. Escaparon. Escaparon porque estaban hartos, frustrados. Ahora intentan vivir solos, una vida de introversión... y tarde o temprano se aburren. De nuevo han elegido otra ala, pero otra vez es una sola ala. Esta es una vida asimétrica, desproporcionada. Han caído de nuevo en la misma falacia, pero en el polo opuesto.

> Un hombre de conciencia y conocimiento se mueve desde la periferia al centro y desde el centro a la periferia. Nunca se queda fijo en ningún sitio. Del mercado al monasterio, de ser extravertido a ser introvertido; se mueve continuamente porque esas son sus dos alas. No están enfrentadas una con otra.

Yo no soy partidario ni de lo uno ni de lo otro. Me gustaría que adquirierais la capacidad de estar en el mundo materialista y aun así meditar. Me gustaría que os relacionarais con la gente, que amarais, que os movierais en millones de relaciones, porque las relaciones te enriquecen... y que aun así fuerais capaces de cerrar las puertas y tomaros unas vacaciones de todas las relaciones... para poder relacionaros también con vuestro propio ser.

Relaciónate con otros, pero relaciónate también contigo mismo. Ama a otros, pero ámate también a ti. ¡Sal fuera! El mundo es bello, está lleno de aventuras, es un reto, te enriquece. No pierdas esa oportunidad. Cada vez que el mundo llame a tu puerta y te llame, sal al exterior. Sal sin miedo. No hay nada que perder y puedes ganarlo todo. Pero no te pierdas. No salgas y te pierdas. Vuelve a casa de vez en cuando. Olvídate a veces del mundo; hay momentos para la meditación.

Cada día, si quieres estar equilibrado, debes equilibrar lo exterior y lo interior. Deben pesar lo mismo, para que nunca quedes descompensado por dentro.

A esto se refieren los maestros zen cuando dicen: «Camina por el río, pero no dejes que el agua te toque los pies.» Vive en el mundo, pero no seas del mundo. Puedes estar en el mundo, pero no permitas que el mundo esté en ti. Cuando entras en casa, estás en casa... como si el mundo entero hubiera desaparecido.

Hotei, un maestro zen, estaba de paso por una aldea. Era una de las personas más hermosas que jamás hayan pisado la tierra. La gente lo conocía como El Buda que ríe, porque todo el tiempo estaba riendo. Pero a veces se sentaba bajo un árbol —en esta aldea estaba sentado bajo un árbol con los ojos cerrados— y no reía, ni siquiera sonreía, estaba completamente en calma y recogido. Alguien le preguntó:

—¿Cómo es que no te ríes, Hotei?

Él abrió los ojos y respondió:

—Me estoy preparando.

El que le había preguntado no entendió la respuesta.

—¿Qué quieres decir con eso de que te estás preparando?

—Tengo que prepararme para la risa. Tengo que darme un descanso. Tengo que entrar y olvidarme del mundo para poder volver rejuvenecido y reír de nuevo.

> Cada día, si quieres estar equilibrado, debes equilibrar lo exterior y lo interior. Deben pesar lo mismo, para que nunca quedes descompensado por dentro. A esto se refieren los maestros zen cuando dicen: «Camina por el río, pero no dejes que el agua te toque los pies.»

Si de verdad quieres reír, tendrás que aprender a llorar. Si no puedes llorar, si no eres capaz de derramar lágrimas, serás incapaz de reír. Un hombre de risas es también un hombre de lágrimas... así está equilibrado. Un hombre bienaventurado es también un hombre de silencio. Un hombre extático es también un hombre centrado. Las dos cosas van unidas. Y de esta unidad de polaridades nace un ser equilibrado. Y ese es el objetivo.

Acerca del autor

OSHO ES un místico contemporáneo cuya vida y enseñanzas han influenciado a millones de personas de todas las edades y condiciones. Ha sido descrito por el *Sunday Times* de Londres como uno de los «1.000 artífices del siglo XX», y por el *Sunday Mid-Day*, (India) como una de las diez personas —junto con Gandhi, Nehru y Buda— que ha cambiado el destino de India.

Acerca de su trabajo Osho ha dicho que está ayudando a crear las condiciones para el nacimiento de un nuevo tipo de ser humano. A menudo ha caracterizado a este ser humano como Zorba el Buda; capaz de disfrutar de los placeres terrenales, como Zorba el Griego, y de la silenciosa serenidad de Gautama Buda. Como un hilo conductor a través de todos los aspectos del trabajo de Osho, está una visión que conjuga la intemporal sabiduría oriental y el potencial más elevado de la ciencia y la tecnología occidental.

También es conocido por su revolucionaria contribución a la ciencia de la transformación interna, con una perspectiva de la meditación que reconoce el ritmo acelerado de la vida contemporánea. Sus singulares «meditaciones activas» están diseñadas para liberar primero el estrés acumulado del cuerpo y la mente, y así facilitar la experiencia del estado, relajado y libre de pensamientos, de la meditación.

Los libros de Osho no han sido escritos, sino que son transcripciones de grabaciones de audio y vídeo de las charlas espontáneas que dio a amigos y discípulos a lo largo de su vida.

Osho Commune International, el lugar para la meditación que Osho fundó en India, como un oasis en donde sus enseñanzas pueden ser puestas en práctica, continúa atrayendo a más de 15.000 visitantes al año de más de cien países diferentes de todo el mundo.

Para más información acerca de Osho y su trabajo, incluyendo una visita virtual al centro de meditación en India, véase:

www.osho.com

Club de Meditación

OSHO COMMUNE INTERNATIONAL

EL CLUB de Meditación en la Osho Commune International está situado a unos 160 kilómetros al sudeste de Bombay en Puna, India. Originalmente construida como el lugar de veraneo de los maharajás y de la adinerada colonia británica, Puna es hoy una ciudad moderna y vibrante, asiento de numerosas universidades e industrias de alta tecnología.

Las instalaciones de la Osho Commune International se extienden sobre 32 acres en un barrio lleno de árboles conocido como Koregaon Park. A pesar de que el Club de Meditación no ofrece alojamiento para los visitantes, existe una abundante variedad de hoteles cercanos y apartamentos privados que hospedan a miles de visitantes de todo el mundo durante todo el año.

Todos los programas del centro están basados en la visión de Osho de un nuevo tipo cualitativo de ser humano, que es capaz de participar alegremente en la vida diaria y relajarse en el silencio y la meditación. La mayoría de los programas tienen lugar en espacios modernos y con aire acondicionado, e incluyen una gran variedad de sesiones individuales, cursos y talleres. Muchos de los miembros del equipo son líderes mundiales en sus respectivos campos. La oferta del programa cubre todo, desde las artes creativas a los tratamientos holísticos, crecimiento personal y terapia, ciencias esotéricas y la visión zen de los deportes y el entretenimiento, problemas de relación y crisis de transición para hombres y mujeres de todas las edades. Ambas, las sesiones individuales y las grupales, se ofrecen durante todo el año acompañadas de un programa de «meditaciones activas» de Osho, grabaciones en audio y vídeo de sus charlas, y técnicas de meditación de una variedad de tradiciones espirituales.

Cafés al aire libre y restaurantes dentro del complejo ofrecen a la vez la cocina tradicional india y una variedad de platos confeccionados con vegetales orgánicos cultivados en la propia granja de la comuna. El complejo tiene su propio suministro de agua convenientemente tratada.

Para más información sobre cómo visitar el complejo o para apuntarse a los programas con antelación a su visita llamar al (323) 563-6075 en Estados Unidos o visitar la página: http://www.osho.com, para averiguar cuál es el «Centro de Información de Puna» más cercano a su localidad.

Esta edición de 5.000 ejemplares
se terminó de imprimir en
Artes Gráficas Piscis S.R.L.,
Junín 845, Buenos Aires,
en el mes de septiembre de 2002.